我们现在怎样做父母

给孩子专属的爱和教养

斑马 著

江西教育出版社
JIANGXI EDUCATION PUBLISHING HOUSE

图书在版编目（ＣＩＰ）数据

我们现在怎样做父母 ：给孩子专属的爱和教养 / 斑马著 . -- 南昌 ：江西教育出版社 ，2019.7

ISBN 978-7-5705-1152-5

Ⅰ . ①我… Ⅱ . ①斑… Ⅲ . ①家庭教育－通俗读物 Ⅳ . ① G78-49

中国版本图书馆 CIP 数据核字（2019）第 102797 号

我们现在怎样做父母 ： 给孩子专属的爱和教养

WOMEN XIANZAI ZENYANG ZUO FUMU : GEI HAIZI ZHUANSHU DE AI HE JIAOYANG

斑马　著

江西教育出版社出版

（南昌市抚河北路 291 号　邮编： 330008）

各地新华书店经销

三河市金元印装有限公司印刷

880mm×1230mm　32 开本　8.5 印张　字数 180 千字

2019 年 7 月第 1 版　2019 年 7 月第 1 次印刷

ISBN 978-7-5705-1152-5

定价： 42.00 元

赣教版图书如有印制质量问题，请向我社调换　　电话：0791-86705984

投稿邮箱：JXJYCBS@163.com　　电话：0791-86705643

网址：http://www.jxeph.com

赣版权登字 -02-2019-318

自序一

别再给爱附加前提条件

从大圣出生时，我就打算出版一本育儿理念分享集，可惜一拖再拖，编辑也一催再催。

书名换了几次，直到有一天，我读了鲁迅的那篇《我们现在如何做父亲》，彼时的"现在人"已作古，但其中的很多观念，至今读来仍然不过时。

如鲁迅在书中提出了"子女是即我非我的人"的观点，并指出："因为即我，所以更应该尽教育的义务，交给他们自立的能力；因为非我，所以也应同时解放，全部为他们自己所有，成一个独立的人。"

可惜的是，即便到现在，他的理念仍未得到完全的普及和认同。

前几天跟朋友吃饭聊天，从宠物聊到了父母，原来我们都有心爱的猫狗被强行送走的经历，《狗十三》的故事在我们这一代人身上几乎都曾上演过。

我们的上一代，多数人都把子女当做了可操控的私产。就连给子女的爱，也都在不经意间附加了严苛的条件：你乖我才爱你，你考第一名就奖励你……

我常常傻傻地看着我的孩子笑，他脸上洋溢着的那种天真纯粹、没心没肺、对世界不加一丝防备的笑，在成年人身上是看不到的。

我们都曾有过这样的笑，它们是从什么时候开始消失的？大概是从发现一切爱都是有条件的，而我们要拼命去讨好这个世界开始的。

我身边的很多人对父母都是又爱又恨的态度，其中有个女生前前后后和她的母亲拉黑、和好了五次，这就是有条件的爱留下的伤痕。

我很庆幸我们的孩子活在了一个更好的时代，我们这一代做父母的，已经开始会读书，读了更多的书，==也会反思、会学习如何去做一个更好的自己，而不再一味地去逼迫孩子去完美。==

上一代父母，很喜欢教孩子，告诉他们这样不对，那样也不对。而我们这一代，更愿意去教自己。

做了母亲后，我突然多了一道观察世界的窗口，顺着亲子关系逆流而上，去反思自己与父母的关系，我开始变得更宽广、更包容。

与其说是我们在改变孩子，不如说是孩子改变了我们。

==很多育儿书都在教你怎么教出一个乖巧伶俐的孩子，在这本书里，我希望和大家一起探讨如何成为更好的父母。==

我们用了二十年去学会接纳自己，如今，我们要用更久的时间去学会接纳孩子。

我们天天把爱孩子挂在嘴边，爱到底是什么？

不是朋友圈里的秀、晒、炫，不是给 ta 创造最好的物质和教育条件，而是发自内心的尊重与认同。

是如果孩子突然有一天告诉你"我是少数派"时，也能得到你的拥抱。

是无论 ta 带着同性还是异性的爱人回家，都有一扇为 ta 敞开的大门。

是我放手，让你选择自己的路。

是你有权决定自己的喜好、职业、爱人、性向，甚至性别。

是我不做提线的人，你也不是被操控的木偶。

是你不需要迎合我去证明自己的美好，在我心中，你的存在，本来就是一份美好。

…………

请记住，每个孩子，都值得被这个世界温柔以待。

为了养好孩子去读书、去思考

年少时，我经常觉得我的父母是天底下最差劲的，我不懂他们，他们也不懂我，彼此常常被对方惹毛。

后来，当我自己做了母亲，时常被大圣搞到炸毛，才开始体会到为人父母的艰辛。

一天，我一个人带着他，大概是玩得太开心了，中午他怎么也不肯睡，还越闹越欢，拿出了大闹天宫的气势——台灯被他弄倒，枕头被扔得满地都是，鞋子被他放到了床上……家里几乎被他掀了个底朝天，趁我不注意，还抓过我的胳膊咬了一口，登时就咬出了一道血印。

谁都不是圣人，那一刻我真的崩溃失控了，甚至开始怀疑人生，从前那个让人喜欢的小天使去哪了？站在我面前的，好像是一只长出了獠牙的小恶魔。

我大声冲他喊："好又不听，歹又不听，你到底要怎样？！"

我脑海里不停滚动着的画面，就是把他拉过来暴揍一顿。嗯，这是见效最快的方法，打完他一定老老实实地听话。打完了，我也可以得意洋洋地说一句："现在你知道怕了吧？"

但是，我的心里同时也冒出了一个想法：真的这样做了，我跟他的姥爷姥姥又有什么区别？你所谓的爱孩子，爱的难道就只是他乖巧

　　这个想法让我猛得打了一个激灵。感谢这一刻，让我突然之间，前所未有地理解了我的父母。

　　但是，也只是理解，而不是认同。养大一个小孩真的不是那么容易的事情，每个小孩都有他的脾气。当年，我也许就是在这样的情境下激怒了他们，而他们只是追随自己的直觉做了他们认为"该做"的事。

　　这就是没有学习过如何做父母的父母，最本能的反应。因为不懂得如何与孩子沟通，所以做什么都听凭自己的直觉，脾气来了就要发泄出来。

　　这是时代必然的局限性。

　　那个年代的父母，上过高中的都很难得，结婚生子都是人生顺理成章的事情，没有几个人会去考虑养育孩子真正的意义，更没有几个人会为了养好这个孩子去读书。

　　但是我看过很多教育学、心理学方面的书，面对混乱的局面，我学到的知识很快让我平静下来。我告诉自己："孩子不知道自己的行为是错的，但你知道你的行为是错的。所以需要冷静的不是他，而是你。"

　　我开始反思是哪里出了问题。后来我一想，大概是我之前跟他玩得太疯，让他的神经处于过度兴奋状态，所以他既困又睡不着，进入了"闹觉模式"。

　　于是我索性放弃了哄睡，带他到了游乐园，痛快地玩了一个下午，让他把过剩的精力都释放出去了，从前那个听话的小天使就又回来了，他晚上早早就睡了。

之后，中午再哄睡，我不再陪他疯玩，而是让他自己先平静下来，过不了多久他就悄悄睡着了，再也没有发生过那天的局面。

为人父母者，必须要明确一点——你要解决的永远是问题，而不是孩子。当你没有解决问题的能力时，你需要的是学习。

日本作家伊坂幸太郎有一句名言："一想到为人父母居然不用经过考试，就觉得真是太可怕了。"无数人曾经引用这句话，其实我觉得这话并不全对。

成为生理上的父母的确不需要考试，但是想要成为孩子心中的好父母，无时无刻不在经历大大小小的考试，任何一次表现不好，都可能丢掉孩子的信任分。

经常有读者问，从哪里能看到你更多的文章呢？那你就买本书吧。

要是你想培养一个全优的天才宝宝，我建议你就别在这本书上浪费时间了，因为我也只是一个普通妈妈，养育了一个普通的孩子。

如果你想赢得孩子更多的尊重和信任，建立更亲密的亲子关系，培养孩子的安全感，让他成为一个内心温暖的人，那么，这本书可以作为你的参考用书之一。

因为这里有我的育儿理念和一路以来的亲子实践。写在我的育儿字典第一位的词从来都不是优秀，而是幸福。我喜欢看到大圣眼里散发出的那团快乐自信的光，而我会用毕生去守护这团光。

最后，欢迎你们来我的公众号与我探讨交流育儿理念，一起成为更好的父母。

目 录

第一章 从为人父母者的教养、态度说起

我们生儿育女究竟为什么　　　　　　　　002

你对生活的失望，生个孩子也不会变得更好　　006

不要生个孩子就觉得全世界都对不起你了　　010

有了你，我变得更爱我自己　　　　　　　015

当了妈妈，就得学会认怂　　　　　　　　020

只有最失败的人，才会选择打骂孩子　　　024

不要拿生而不养来标榜自己的独立　　　　029

孩子，你不必去按照别人的时间表长大　　034

怎么全是妈妈，爸爸去哪儿了　　　　　　038

每一个妈宝男背后，都站着一个"吃瓜"的爸爸　　044

第二章　我们到底要教养子女些什么

为什么越懒的妈，越能带出聪明娃　　　　　　　　　052

对孩子最深沉的爱，就是克制　　　　　　　　　　057

如果我不是爸爸亲生的，可能反而会原谅他　　　　062

老公关起门来揍孩子，我该不该插手　　　　　　　072

从凡·高撕画，谈错位的夸奖　　　　　　　　　　076

呵护孩子的爱美心理，从小培养他们的独立审美能力　082

那个被"富养"大的女孩后来怎样了　　　　　　　086

为什么越乖的孩子，路走得越艰难　　　　　　　　093

如何正确处理孩子的撒谎问题　　　　　　　　　　098

儿子亲了班上的女同学，怎么办　　　　　　　　　103

第三章　亲子关系跟随、影响孩子一生

不被父母认可的孩子，无法保持昂首挺胸的姿态　108

一个震慑灵魂的考问：子女真的没法选择父母吗　116

"山鸡"陈小春：从坑娃到暖爸需要几步　121

最好的父子关系就是没大没小　125

比高利贷还狠的亲情债才是最可怕的　128

女儿六岁，已经和我成了仇人　133

你在孩子身上花了多少时间，孩子会用行动给出答案　139

别再用"再不听话……"给孩子种下恐惧因子　143

不是孩子惹毛你，是你的无能惹毛了自己　147

二孩家庭：生得起，养得起，但你爱得起吗　152

第四章 人生不由分数决定，懂生活的孩子人生不会差

孩子们不缺内疚的妈妈，而是缺快乐的妈妈　　　160

父母是造就孩子性格的第一土壤　　　164

送多少颗限量版钻石，也不如给孩子一个有爱的世界　　　168

爱孩子优秀的一面，更要呵护他们脆弱的一面　　　172

允许孩子哭，给他们情绪释放的出口　　　177

给孩子的爱，与钱多钱少无关　　　180

父母失职的溺爱，是对孩子最大的不尊重　　　184

中国式亲情里，最该独立的是孩子妈妈　　　189

"中国式爱孩子"是怎么变成"中国式害孩子"的　　　195

像爱自己一样爱孩子　　　199

第五章 学习的态度与兴趣比学会了什么更紧要

少一些功利，多一些耐心，让孩子慢慢来   206

你自己天天玩手机，还指望孩子考第一   210

别把孩子当作巴甫洛夫的狗   214

最可怕的性教育叫"把孩子送进女德学校"   219

一岁多的宝宝是如何认识 500 个字的   223

"你怎么这么笨"到底伤了多少孩子   228

我们推崇董卿爸爸的魔鬼教育，到底在推崇什么   233

从"拼不过的小学生文案"看输不起的中国父母   241

从五岁"复二代"简历吊打成人，看全民教育焦虑   248

靠玩易拉罐也能圈粉百万？有趣的灵魂多难得   255

第一章

从为人父母者的教养、态度说起

　　社会上频见为人父母者的没教养作为及其在教养子女上的体现,鉴于此,提醒爸爸妈妈首先提高自身的教养,别让自己先带给孩子一个不良影响甚至起一个坏的带头作用。

我们生儿育女
究竟为什么

　　2018 年 12 月，绍兴一位七十三岁的王老太太求助媒体，想找到自己的小儿子。

　　然而这并不是一则普通的寻亲事件。

　　当年，王老太太是在已经有两儿两女的情况下，意外怀孕生下了第五个孩子。因为孩子太多养不起，就把刚满一岁的小儿子送给了一户家庭条件相对较好的人家。

　　据王老太太的讲述，34 年来，她跟这个儿子小张见过十几次，最后一次是在自己七十岁的时候。小张告诉她，自己在杭州结了婚，买了房，还生了孩子，工作也不错，不算额外奖金，年薪有 55 万元。

　　王老太太自己的日子本来过得也挺不错，虽然老伴早年去世，自己的身体也不好，但两个儿子都是做生意的，儿女也都很孝顺，还出钱雇保姆照顾她，于是也就一直没有再和小儿子联系。

但后来，王老太太的两个儿子花 2000 多万元买的全自动设备出了问题，生意投资失败还欠了很多钱；王老太太自己生病花了十七八万元，钱都是女儿出的，今年保姆也不得不辞掉了。

说到这里你就应该明白接下来的故事走向了。没错，王老太太现在又想起年薪 55 万的小儿子了。

在自己的两个儿子都做着生意赚着大钱的时候，她没有问过小儿子是否需要哥哥们帮扶；

在自己过着有子女孝敬、有保姆伺候的生活时，她没有关心过小儿子的工作累不累、压力大不大；

而现在过上了"烧一点米饭，干菜泡泡吃一天，每天吃药要花 20 多元钱"的生活时，她想起这个儿子了，张口就开始要钱。

其实王老太太的子女还是挺孝顺的，两个负债的儿子都表示，就算出去要饭也会让老妈吃饱。

但王老太太感觉"现在这种靠跟亲戚借钱维持的生活实在是太苦了""实在是没办法啊，我就想我那个小儿子也工作好些年了，收入也不错，想找他帮帮忙，给我个一两万元"。

这是整个报道里让我感觉最不舒服的一点。

说是帮忙，谁都知道钱是白拿，有来无回，而且看来是无底洞。

王老太太找儿子的底气在于什么呢？归根结底是她认为自己不同于其他抛弃孩子的父母，她只是在情非得已的情况下把他送养了——

而且还专门挑了个经济条件不错的家庭，这些年见了十几次面。

她觉得这样做很对得起儿子了，母子这根弦一直没断过，养父母不过是替她把孩子养大了——哪怕孩子从一岁起就送人了，自己并没尽过母亲的什么义务。

如果说王老太太当初的送养行为在那个奉行多子多福，养不起就送人的时代还可以理解的话，那么她现在的举动，则实在是自私了一点——在小儿子明确表示不希望妻子知道太多的情况下，仍然一直给小儿子打电话，甚至捅到媒体那里，通过舆论逼儿子现身。

新闻中还有个细节，王老太太提到，小儿子去年回来给去世的亲生父亲扫墓时，看到她生活窘迫，还给了她 2000 元，让她去买一个能收钱的手机，回头给她打钱。

也就是说，虽然不想让亲生母亲主动联系自己，打扰自己的正常生活，但这个小儿子并不冷血，也没有对亲生父母怨恨记仇，一度还计划一直给她打钱来着。

这次小儿子不接电话，真的忙是有可能的，但就是故意不接也没什么法理和情理上的不妥。

我主动给钱孝敬你，就是念及生我的恩情；但你不能得寸进尺一而再再而三地来索取，让我们本来就不多的母子情分也染上了铜臭。

况且客观讲，对于在杭州这样的准一线城市打拼，有房贷、车贷要还，还有老婆、孩子、父母要养的中年人来说，年薪 55 万也只是维持正常生活，算不上有钱，至少远没有王老太太想象的那么有钱。

如今媒体跑去推波助澜，无异于在小儿子曾经被亲生父母抛弃的伤痛上再撒一把盐。

要不要扶助王老太太，我希望小张能听从自己内心给出一个答案。

但其实这些并不是我今天最想说的。我更想探讨的是，我们生儿育女究竟为什么？

王老太太悲剧的根源并不是她自私无情，她抛弃了自己的孩子，而是她的观念，也是那个时代的观念——坚信多子多福，拿生孩子当投资。只要养得起，不管养育质量多差都要往多里生，这是以小博大的买卖，然后把下半生幸福的筹码都押宝在子女"孝顺"这件事上。

晚年的王老太太，离了孩子们的帮扶，甚至没有自己的经济来源。所以你骂她自私也好，脸皮厚也好，为了维持基本的生活质量，她就只能去找小儿子。

评论都说，你又没养过小儿子，他凭什么孝顺你？那我想问，如樊胜美的父母，他们的确养大了女儿，无条件地去压榨女儿就合理吗？

那个时代的父母无论能力和认知都有局限，不能去苛求，也很难再改变。该尽的孝，我们要尽。

但我真的希望从我们这代开始，不要再拿亲情绑架子女。

希望每个人在决定做父母之前都能想清楚一件事，那就是生儿育女绝不是投资，而是单纯的爱的付出。千万别指望什么经济回报，看着他幸福就是你能得到的最好回报。

中国的父母比子女更应该学会独立。

你对生活的失望，
生个孩子也不会变得更好

    2016 年 6 月，六十一岁的张女士在浙大妇医诞下了一个男婴，成为该医院最高龄的产妇。

    这是一个悲伤的故事，唯一的女儿三十岁时因病猝死，老来丧子，白发人送黑发人。他们选择填补这份绝望的方式，是不顾重重反对，冒着生命危险再生一个，把一份艰难的母爱强加给这个对未来还一无所知的孩子。

    这个孩子对于他们意味着什么？意味着生命的延续、香火的传递和新的希望。

    可是他们对于这个新生的、懵懂的孩子又意味着什么？意味着老迈的父母、错位的亲情和对死亡的恐慌。

    最夸张的是，张女士生完孩子的第二天，医院就被成群有着相同诉求的大妈包围了，最大的那个已经六十三岁。其中一个说，女儿上大学了，自己在家闲着没事做。

明明跳广场舞就能解决的事情，却要用一个生命不确定的未来承载。一意孤行的背后，已不再是孤独那么简单，而是对老年生活的压抑与失望，需要借助一个新的生命来释放，对抗日渐衰老的身与心。

国人惯于将母爱与伟大画上等号，然而伟大的表现是无私，而无私的根源在于无所求，不是把孩子当作一剂"包治百病"的灵药。

孩子寄寓着一份希望，越是对生活失望的人，越想要孩子，以为有了孩子，明天就会好起来。有人想用孩子拴住一段可有可无的感情，有人想让孩子实现自己未曾实现的理想，还有人想用孩子改善贫困的生活状况。

宝宝树母婴与家庭研究院于 2016 年 7 月发布了一份《全国孕育环境城市调研白皮书》，其中有个很有意思的数据，在适宜孕育地区的排行榜上，排名靠后的，如甘肃，恰恰是高生育率省份，而各项数据综合排名第一的上海却是全球生育率最低。显然，生存条件与生子积极性并不成正比。

愚公移山时说，我搬不动了，我儿子继续搬，儿子搬不动了，还有孙子，子子孙孙无穷匮也。

可是生了孩子，这座山就会真的被搬走吗？

绝不。

我有个朋友，就像千千万万个婚姻不如意的女性一样，为了留住和丈夫岌岌可危的感情选择了生孩子。这个小生命的呱呱坠地并没能让他们的感情变得更好，反而把这个原本就没有多少爱的家变成了战场，每天鸡飞狗跳的日常，很快将两人残存的一点温情消耗殆尽。

蒋丽莎五年的时间剖宫生了四个孩子，子宫变得比卫生纸还薄，也没有拦住陈浩民三天两头被媒体抓拍到去夜店。

如果你的生活原本就不美满，那么生了孩子后你将面对的就是：不会说话、只会用哭声表达自己的宝宝，永远拾不完的屎尿屁，逼死处女座的家务环境，剑拔弩张的婆媳关系和一个不能理解你的丈夫。

我认识的那些怀孕前就牢骚满腹的女人，怀孕后统统变成了骨灰级怨妇。一旦失望和不满占据了你的日常，相信我，生个孩子并不会让生活变得更好。

前几年有个新闻，医学女博士杨果情感受挫后辞掉了大学教师的工作，跑到国外人工授精生孩子，她在日记本里这样写道：

"一丈之内才是丈夫，但孩子却是自己身上掉下来的肉，与其选老公，不如选孩子。"

可是怀孕后，她才发现未婚妈妈的艰难：办不了准生证，积蓄迅速花光，由于生活不规律出现了先兆流产……经济和心理上的压力终于让她崩溃，以致精神失常流落街头。

即使她的精神没有失常，这个孩子的日子也决计不会好过，因为他不再只是一个单纯的孩子，而是母亲宣泄不满情绪的出口。

如果你连自己的人生都过成一团糟，怎么能指望靠孩子来拯救？

更何况这个孩子身体里流着你的血，印着你的 DNA，你连自己的人生都放弃了，却指望他有朝一日飞黄腾达，然后母以子贵，他能做到的，也许只是把你糟糕的人生再重走一遍。

我的读者 CC 是一个大学生，她说自打生下来，就一天也没有快乐过，因为曾经高考落榜的母亲把全部的希望都倾注在了她身上。

"从小到大我听到的永远都是别人家的孩子怎样怎样，我考试名次若是比之前跌了两名，等待的就是一顿棍棒。好几次我都想自杀，觉得自己不配活在这个世界上。"

直到现在，母女之间除了学业似乎无话可说，四目相对时，空气总是冷得可怕。

对于把希望寄托在下一代的人来说，生孩子的意义就等于对上天说：再给我一次重生的机会，我有了经验和教训，一定会比现在过得更好。可是正如那些我们从未做好准备的考试，再来几次结果都是一样。初中我们班有个留级的学生，同一本书念了三年，该倒数还是倒数。

自己的理想，始终要靠自己完成，孩子有他的人生，不负责通关，也不负责打怪，更不负责满足你的任何期待。

一个人什么时候适合生孩子？从她能够在心底深处真正接纳不完美的自己开始；从她认清生孩子绝不会让糟糕的环境自动变好，而是要父母一起努力，为孩子创造更好的环境开始；从她愿意对自己、对孩子、对这个世界温柔以待开始。

不要生个孩子
就觉得全世界都对不起你了

我之前加过好几个妈妈群，后来基本都退了，因为负能量太多。

有的妈妈，孩子都 8 个月了还没有基本的养育常识，放着百度一下就知道的问题一而再再而三地反复问，连如何添加辅食都不会（讲真，你不会做，还不会去买吗）。

有的妈妈，一言不合就传自己娃的"黄金"，丝毫不顾及别人是不是正在吃饭。

这还不是最烦的，最烦的是天天嚷嚷着自己产后抑郁怨天尤人的。

不久前我就拉黑了一个在妈妈群认识的年轻妈妈。这个妈妈二十岁就结婚怀孕了，也没有工作，怀孕的时候抽烟喝酒（据说还是备了孕的），不知道有多大的 K 歌瘾，挺着五六个月的肚子也能往 KTV 跑，一唱就是两三个小时。每天在群里骂，不是骂自己的公婆不管自己，就是嫌亲妈管自己太多。

生了孩子后，脾气愈加不受控制，心情好的时候跑出去看演唱会，花几千块接头发（你没看错，是接长发不是剪头发），心情不好了就拿自己还没满月的孩子出气，孩子 4 个月的时候就开始喂鸡蛋黄。每次看她这么作践自己的孩子我都特别难过，为人父母为什么就不用经过考试啊！

后来，她开始在群里扬言自己得了产后抑郁症，问哪里能看病。碰巧我看到了，我可没见抑郁症人还有兴趣接头发，我说抑郁症的人不是这状态，你应该没有抑郁症。她愤怒了，开始了咆哮：你怎么知道我没得抑郁症！我拿刀砍我家的狗！我甚至想掐死我的小孩！你凭什么说我没得抑郁症！

在她看来，产后抑郁症甚至是一种至高无上的荣耀，谁不让她得她就跟谁急。

本着不与傻瓜论短长的精神，我没再接话，直接退群拉黑。后来我发现，有这种心理的妈妈还真是不在少数，说难听点就是巴不得自己得产后抑郁，不是也要往上靠，使劲催眠自己"我这是合理的抑郁"，任自己的脾气越来越糟糕，拿着有病当挡箭牌，感觉生了孩子全世界都欠了自己的。

好像产后抑郁症是做妈妈的理所应当得的心理病，只要是抑郁了，做什么都合情合理了。打骂孩子怎么了？我是产后抑郁！冲家人乱发脾气怎么了？我是产后抑郁！好吃懒做怎么了？我是产后抑郁！好像产后抑郁还是一种伟大的病，是为了孩子才有的牺牲。

你将来跟你的孩子说，原本应该照顾你爱护你给你温暖和安全感的那几年，你妈都忙着产后抑郁去了，你看看他会不会原谅你！

简直跟那些喝醉了撒酒疯的一个状态。俗话说，酒醉也有三分醒，凡是酒品很差，喝点酒就开始撒酒疯的，生活中也不是什么良善之人。很多打着产后抑郁幌子的妈妈，都是极度自私之人，从未真正关心过自己的孩子，孩子在她们的潜意识里，始终是一道负担。

如果不是我自己就是母亲，我还真不敢写这篇文章，因为总是有人说"你不知道女人生孩子有多不容易，你自己生个孩子就知道了"这样的话。我当然知道了，我怀孕反应强烈，一直吐到生。生娃虽然是顺产，但是开宫口足足疼了两天，因为羊水少被倒霉催地拉去做了羊膜腔灌注，后来在产房还差点因为护士的大意出了医疗事故。

并不是我天性乐观，很多年前，我曾经得过非常严重的抑郁症，我当然了解抑郁症是什么状态。然而产后抑郁真的离我非常遥远，因为这些年我靠自己和家人朋友早就走出来了，而且更重要的是我真的太爱这个小生命了，我每天想的就是两件事：1.如何更好地照顾他；2.如何打拼给他创造更好的未来。

当这两件事占据了你的主要生命时，你根本就没工夫抑郁。焦头烂额的时候也有，我自己出去健健身，找朋友约个饭，或者逛逛淘宝找找代购，买双鞋买个包缓解一下，然后又觉得生活无比美好了。

我认识几个妈妈，每个妈妈的生活模式和处理情绪的方式都不同，但是大家有一个共同点，就是都过得很幸福。有个妈妈怀孕前就爱运动、爱美食，非常有朝气的一个人，生了孩子后全职在家，老公上班，没舍得雇保姆，一个人带孩子，买菜做饭陪孩子玩，一样开开心心。她不但不抱怨，还把儿子带得白白胖胖，时不时给我们看她做的辅食，还要给我们寄她自制的肉松。

还有个妈妈，长得漂亮，老公也宠着，当妈妈前爱买买买，当了妈妈也没耽误爱美，新衣服、新包包不断，把自己当个女王养，抑郁这种事儿离她八丈远。

每次总有弱者喜欢说"站着说话不腰疼"，我很想回应一句：想要不腰疼，还就是要让自己最快地站起来。你老是觉得我生个孩子我最了不起，全天下都对不起你，你什么时候也别指望能站起来。

孩子是自己决定要生的，为什么生个孩子，就要把自己搞成受害者呢？生孩子遭的这份罪男人没受过，可上天是公平的，这些经历再回首，都是女人一生最宝贵的财富。我们家圣宝现在最爱黏着我，不管谁抱他，只要看见我，他就要张开双臂飞扑过来，搞得我妈和老笨（斑马老公）都吃醋，真是甜到我的心都要融化了，开心都来不及。

我也能理解那些真正深陷产后抑郁症的妈妈，抑郁的原因是复杂的，女性生产之后，由于性激素、社会角色及心理变化带来身体、情绪等一系列变化。有些妈妈的确一时不能适应角色的转换，还有些妈妈是完美主义者，总觉得自己做得不够好。这样的妈妈，需要家人、社会的共同帮助，特别是做爸爸的，孩子是你们共同的决定，老婆怎么宠都不过分，别让你的妻子丧偶式带娃。

但是最重要的，还是靠自我调节。

首先，你要发自内心认同自己的母亲角色，从养育孩子的过程中获得幸福与满足，而不是当成一种义务，一味地牺牲，只看到自己的付出和失去。

其次，圈层很重要，新妈妈最爱抱团，每个妈妈都加过数不尽的妈妈群，但是我发自内心地劝一句，坏情绪是会传染的，离那些负能量的妈妈们远一点，多认识那些爱孩子、爱生活的妈妈，互相鼓励，共同成长。

最后，如果你真的没法享受带娃的快乐，在家像坐监，听我一句劝，赶紧去上班吧。

我想对还没有孩子，正在纠结要不要孩子的女性非常诚恳地说一句：

孩子就是你人生的一面镜子。

你糟糕，生了孩子更糟糕。

你美好，生了孩子更美好。

有了你，
我变得更爱我自己

最能改变一个女人的，一个是她的爱情，一个是她爱情的结晶。

前几天，一个久未联系的朋友突然找我聊天：现在经济条件不太好，跟丈夫的感情也一般，可是意外怀了孕，这个孩子到底该不该要？

我本人是反对打胎的，在我看来，每一个孩子都是上天的恩赐。可是我不愿轻易给出建议，因为我并不能为她的人生负责，这是她自己的选择。

大概是看出了我的迟疑，她退而求其次：你刚当了妈妈，跟我说说体会吧。

我说，就像买了一个千辛万苦才抢到的限量版包包，是个女人都懂这种感觉。但是拿到包包的开心最多维持几天，而宝宝每天都给你不一样的新鲜感。你看着他的每一点成长，会笑了，会翻身了，会坐起来了……比买到一百个爱马仕都要激动，128G 的手机内存都不够给他拍照，一笑一颦，我都贪婪地想记录下来。

有了圣宝后，我就辞掉了待遇还不错的工作，成为大家口中的自由职业者。对于带娃这件事，没有标准答案，每个妈妈有自己的选择，无论是选择回家陪伴孩子还是在职场冲杀，都同样值得尊重，只是看你更在乎什么，而我最在乎的，就是不错过他成长的每一个瞬间。

做"油炸绿番茄"这个公众号，一半是因为我真的爱写字，一半是为了能有份事业，让物质和精神上都有所寄托，给圣宝提供更好的生活。

以前只是当个人博客更新着玩，兴之所至，就写一篇，没兴趣了，扔在一边。有了圣宝后，反而不敢停，成了固定的工作，夹缝里也要抽出时间，生怕荒废了。

最开始这种感觉，就像一个懒癌晚期患者接受化疗，太痛苦了。不过更头疼的是，作为一个母亲，我并没有完整的、真正属于写作的时间。虽然圣宝大部分时间很乖，而且谢天谢地，我母亲来北京帮我带孩子，为我减轻了很大一部分工作量。但是作为一个婴儿，他还是会饿、会哭闹，有时睡着睡着突然做起了噩梦，就会哭得好委屈。

做妈妈没有捷径，他一哭，我就立即停掉手头所有的事情，轻轻抱着他，或者把他放到小推车里，一边哼歌一边绕着屋子一圈一圈推，直到他睡着，有时一推就是一个小时。随着圣宝学会了翻身，看娃难度直接提升了十个 level，一言不合他就翻身爬给你看，一眼看不过来就爬到了床边，于是我不得不把电脑搬到床上守着他，一只眼码字一只眼盯儿子。

累吗？简直是筋疲力尽。每次有人问"你现在是不是全职做自媒体"时，我都会告诉他：不，其实看孩子才是我的主要工作。我每天至少三分之二的时间用在了：喂孩子、抱孩子、给他擦口水、换尿布、为他念书（虽然他完全听不懂）……

经常有广告商吐槽我跟他们谈着谈着就没了下文，等我回到电脑前，就看到他们刷屏问"人呢""人呢""人呢"，我的微信至今还有 3000 多条未读消息，每天抽出点时间工作都像打游击。

但是正因为带孩子太忙，没有多少时间用于写稿，让我学会了合理利用碎片化时间，提高写作效率，比如之前传播甚广的那篇老虎事件的评论文，就是趁圣宝早晨睡觉的间隙，花了不到两个小时写成。

都说女人生孩子恢复身材难，可是我比怀孕前还瘦了十斤。秘诀就是一个字：累。

朋友说，那你会不会很崩溃？

当然不会，恰恰相反，我现在特别快乐。以前我整天思考人生，思考得特别痛苦，还没有答案，现在充实多了。有一天清晨，我睁开眼，看见圣宝对我笑，笑得特别甜，可能你不信，我一下子就热泪盈眶了，这是我这辈子得到的最完美、最奢侈的礼物。

你永远不会想到，孩子对一个女人的改变有多大。

以前，我熬夜熬得很凶，1 点前基本不睡觉，吃各种垃圾食品，皮肤很糟糕，头发一把一把掉。生了圣宝后，我的体力更差了，爬三层楼都要喘很久，有一次因为赶稿通宵没睡，抱他的时候我差一点栽倒。从那一刻起，我就发誓，再没什么比健康更重要，我就是我儿子的死亡屏障和保护伞，我还要陪伴他走很长很远的路，在他独立之前，我绝对不能够倒下。

我开始过起我曾经颇为不屑的老干部生活，好好吃饭，认真保养，晚上 11 点之前一定上床睡觉，天大的事情也放到明天。为了挽救自己已经糟糕透顶的身体，我还专门买了几十节私教课锻炼健身。如今，我还自创了一套健身操，每天抱着娃练深蹲和臂力。

最近，已经不止一个人对我说，为什么你生完孩子还能逆生长？我说因为我不敢老。

同样不敢老的，还有著名的体操奶奶丘索维金娜，四十一岁的她已经是第七次站在奥运会的舞台。最开始的艰难复出是为了给患白血病的儿子筹款，随着儿子的康复，丘索维金娜重拾了对体操的热爱，开始为自己而战。

这个世界最美好的亲子关系不是我变成连自己都瞧不起的黄脸婆，为你牺牲了自己的青春、梦想，甚至整个人生，而是有了你，我变得更爱我自己。我希望有一天，大圣可以骄傲地说，我妈超酷，超有型，我要做她那样的人；而不是说我妈妈特别勤俭，什么都舍不得吃，都给了我，我将来一定要孝顺她。

真正的爱，不需要孝顺来回报。你对我最大的回报就是：好好爱自己，过好自己的人生，把这种爱，一代一代延续下去。

连自己都不爱的人，不要去谈爱孩子，因为你的爱，会变成他最沉重的负担。

即使我深深爱着我的孩子，我最核心的身份也仍然是斑马，而不是圣宝妈妈，我是我，孩子是孩子，我们各自独立，各自绽放。

当你想清楚了这一切，有足够的勇气去承担这一切，有足够的爱接纳这一切，有足够的美好去享受这一切，请给自己一个做母亲的机会。

谨以此文，和所有妈妈们共勉，愿我们都能拥有更加美好的人生。

当了妈妈，
就得学会认屎

　　我在天涯上看见一个帖子，一个年轻妈妈带着三岁的孩子坐地铁，孩子不舒服，突然声嘶力竭地哭起来，怎么也哄不住，引起了周围人的不满。后来，这个楼主先后和两个男人发生了非常激烈的争吵。

　　我闭上眼都能脑补出当时是怎样一幅沸反盈天的画面，号哭的孩子、无助的妈妈，还有一车厢愤怒的乘客，在 30 多摄氏度的夏天，随便一根火苗都能把他们点燃。

　　每次有关于这样"熊孩子"的帖子，讨论都特别火爆。说真的，大家站位不同，看问题的方式也不同，站谁都能理解。

　　站路人，听见小孩声嘶力竭的吼叫的确很烦，忍你是情分，不忍你也是本分。站这个妈妈，一个人带一个生病的孩子，孩子一闹，无助极了，很想有个人帮她，再被人一骂，必然委屈。

当妈后我学会的第一件事，就是慢慢跳脱出自己的身份去理解别人。

比如曾经听见熊孩子吵闹一秒钟都不能忍，小宇宙分分钟爆发。现在还是一听就头大，但是自知带娃的艰辛后，能体谅了。与其生气抱怨骂大人没素质，我更愿意帮她们哄哄孩子。

再比如我自己带娃时，最怕给别人添麻烦。小孩子哭闹确实难免，但我会第一时间抱他，安抚他，尽最大的努力不影响别人。

就发帖的这个妈妈来说，哄不好孩子也能理解，三岁小孩处在叛逆期，再加上生了病，情绪难免失控。但这个妈妈最大的问题，是不能合理地管理自己的情绪。

你的确给人家造成了困扰，自己也在帖中承认了，那么首先要做的不是应该说句对不起吗？但是面对第一个男人的质问，她上来就没好气地怼了回去，由此引发了第二个男人用更难听的话骂了过来。我敢说，如果她不是下了车，后边骂她的人只会越来越多。

我有一次带大圣去饭店，他因为没吃到想吃的东西突然闹起来，旁边一位女士怒气冲冲地往这儿看，我一边抱着他哄一边特别真诚地说："对不起，真的实在不好意思，打扰您了。"女人的怨气立马消了，取而代之的反而是不好意思的表情，大概觉得自己苛责了一个母亲。

没多久大圣就不闹了，女人主动夸："你们家宝贝真乖。"临走时，我还让大圣冲她热情地摆手再见，彼此心中没有留下任何不愉快。

但是试想，如果女人瞪过来的时候，我更凶狠地回瞪，接下来冲突一定会升级，很有可能还会进一步吓到孩子。万一演变成武力冲突，真是后悔都来不及。多少暴力事件都是从言语上的不肯"吃亏"引发的。

这样的例子难道还少吗？2013 年 7 月，北京大兴区科技路公交车站，两名驾车男子因停车与一名女子发生争执，争吵过程中，其中一名男子上去就把婴儿车内的女童摔在了地上，导致女童严重受伤，不治而亡。

这件事，不用去讨论谁对谁错。因为对一个妈妈来说，孩子的生命没了，什么都没意义了。

作为一个妈妈，出门在外，体谅别人就是体谅自己，别跟任何人较劲，你不知道站在你对面的是一个什么样的人。理性一点的可能跟你理论几句，不理性的，分分钟可能伤害你和身边的孩子。

不管你做女人的时候有多感性多冲动，做母亲都一定要懂得克制。只要大圣在我身边，我就避免和任何人因为任何事发生冲突，没理的时候认错，得理的时候也不较劲。

我以前"天不怕地不怕"，过马路，绿灯时遇到跟行人抢道的车，真的会气咻咻往前走，我看哪个司机敢往前开一步？如今推着婴儿车，司机就是明显地违反交规，我也让着他。一个灯不够，再让一个灯，我要保证孩子绝对安全。

要知道，这个世界上大部分人，都还是讲道理的，并不会真的为难你，就像我在饭店遇到的那个女人。他们看上去讨厌的是"熊孩子"，其实本质是厌恶那些不作为还理直气壮的"熊家长"。那个在地铁和人吵架的妈妈，她如果肯好好说话，在第一个人发出质问时诚恳地请求理解，我相信第二个男人不会站出来。

当然，这世界也有很多人渣败类，就是不讲理、浑不吝。像"大兴摔童案"里的那个男人，事发前刚刚刑满释放，典型的反社会人格。这种人，就更不能招惹，最好连道理都不要讲，躲得远远的。

"你很浑？没关系，我惯着你。"听上去很怂对吧？要相信一句话：浑人总有更浑的人收拾，用不着你操心。

做了妈，就要学会认怂。没有金刚不坏之躯，空有三寸不烂之舌又有何用？不让孩子置于危险之中，才是对他最大的保护。

为母不必一直都刚，懂得示弱，才是真正的强者。

只有最失败的人，
才会选择打骂孩子

　　一天早上，我去早餐店吃饭，旁边坐着一个六十来岁的老太太，带着一个不到四岁大的孙子。孙子吃了一口咸菜，抓了一下奶奶的手轻轻说了声"咸"，老太太一把推开小男孩，粗着嗓门咆哮："你喝口粥不就不咸了，这都要我教！"孙子把头埋得低低的，再没有说话。

　　我不知道这个老太太到底经历过什么，可能昨晚打麻将输了钱，可能早上跟儿媳妇发生了口角，也可能她只是惯于向这个手无缚鸡之力的小孩子发脾气。

　　前几天，一个妈妈告诉我，她打了自己的孩子。我一惊，你的孩子才只有一个月啊。她说，女儿一直哭，怎么都哄不好，我太生气了，所以就照她的腿上狠狠掐了一下。

　　我不知道她是怎么下得去手的，但是我能体味到当时的场景，她没有工作，年纪轻轻就当了妈妈，一个人在家看孩子、买菜、做饭，老公收入又微薄，每天被生活压得透不过气来，再看着啼哭不已的孩子，那份绝望感支配了整个大脑，再也没有办法理智。就像我写过的一篇文章《你对生活的失望，生个孩子并不会变得更好》，这个孩子，成了她发泄情绪的唯一道具。

我知道，她正在经历人生最艰难的时刻。如果我在她身边，我真的很想帮她抱抱孩子，让这个孩子不要在连眼睛都没有完全睁开时，就已经感受到来自这个世界的深深敌意。

她说她非常后悔，打完后抱着孩子一起哭。我相信。但是我更相信，这一定不会是她最后一次打骂自己的孩子，就像我小时每次挨完打，父亲最爱对我说的一句话永远是："爸爸再也不打你了。"他每次都说得如此真诚，真诚到他自己都深深地相信，然而我企盼的，只是下一次挨打的间隔可以久一点。

他是爱我的，但是他恨他自己。一个人对孩子的态度，都是对自己态度的投射。

看一个社会的进步程度，最重要的一条标准就是看他们怎么对待孩子。80 后的孩子，没有几个是没挨过打的，就像我们的父母们，没有几个生活是如意的。

他们赶上了下乡，错过了高考，在一个办公室里一张报纸一杯茶耗尽一辈子，或者一个车间里一张车床前站了二十年，人到中年碰上了下岗。

　　我的父亲，就曾经格外不顺，原本是办公室年轻有为的重点栽培对象，一不小心得罪了领导就被发配到了基层车间。我至今仍记得他接到调令的那一天，我刚刚上小学，还是活蹦乱跳的年纪，放了学来到他的办公室，他的脸阴沉得像一块锈住的生铁。

　　尽管我什么都不懂，却还是被这死一般的气氛震慑住了，大气也不敢喘一口。从那之后的很久，家里都凝固在一种奇怪的氛围中，就像法斯宾德的电影。也就是从那时起，挨揍成了我的家常便饭。作业写不好，揍；被老师批评，揍；跟他顶嘴，揍。

　　然而在当时，我居然习以为常，因为我的很多同学，挨揍比我还狠。有一个男生，调皮是出了名的，他父亲的暴力也是出了名的。他常常一脸沮丧地走进教室，捂着被掐得青一块紫一块的胳膊。有一次他被留堂，他父亲怒气冲冲地冲进教室，什么原因都没问，当着一众老师、同学的面，一脚就踹在了他的肚子上，他当时就痛得蹲在了地上。

　　后来我知道，男生很小就没了母亲，他的父亲带着他住在学校不远处的一间小厂房里，靠给人看大门维系两人的生活。作为一名父亲，他太希望儿子能够成器，不要重蹈自己的覆辙。可是他能力范围内做出的唯一选择，就是对孩子无止境的打骂。

　　每一个打骂孩子的家长都借着想要管好孩子的名义，然而，他们连自己的情绪都管不住。他们的手看上去强劲有力，内心却最是苍白无力，只有弱者愤怒，才会抽刀向更弱者，更何况对方只是一个力量悬殊那么大的孩子。

打孩子，意味着你没有能力用更好的办法去教育你的孩子。抽在孩子脸上的每一记耳光，都是对你自己内心的一次鞭打。

曾经我被打得急了，狠狠地对我父亲说："你等着，你总有老得动不了的那一天，而我会无比强大。"

我为说过的话而深深后悔，除了吵架时的针锋相对、剑拔弩张，平日里我们父女的感情其实很深，我爱我的父亲，一如他也爱我。随着我内心的真正变强大和他的事业逐渐走向了正轨，如今，他最爱看我的公众号，经常和我一起探讨人生观、教育观，我们终于站在了岁月的两端握手言和。

但是有相当长一段时间，我都在学习如何管理和控制自己的情绪，像从红油火锅里挑辣椒、花椒一样，一点一点地剔除潜藏在自己内心深处的戾气。在我确定可以做到给我的孩子很多很多的爱之前，我甚至是一名坚定的丁克。

后来，我认识了一个朋友，她是我见过的脾气最好、说话最让人舒服的一个，不矫揉造作，不刻意讨好，懂得真的站在别人的角度去思考问题。她的父亲在 2016 年夏天辞世了，她哭得很凶，她说："你知道吗？小时候，无论我打碎了家里多贵的东西，撒了多大的谎，爸爸从来没有打骂过我。"

这些年熊孩子一直是热点话题，无疑给了家长们打孩子最好的理由："熊孩子"不都是惯出来的吗？要管教，就要打啊！

他们不知道的是，一个孩子婴儿时期的哭闹，童年时期的顽皮，少年时期的叛逆，往往都是缺爱的表现，他是多希望你能注意他啊！这些年我在公共场所遇到的每一个让人头疼的熊孩子旁边，都有那么一个熟视无睹的"熊家长"。当熟视无睹带来的结果自己无法承担时，打骂就成了唯一的解决方式。

总有跟圣宝同龄的宝宝的家长问我：宝宝哭闹非要抱怎么办？我说你自己不都已经给出了答案吗？他要抱，那你就抱啊！三个月的宝宝，是最需要建立安全感的时候。

圣宝现在是同龄的孩子里最爱笑的，每天一睁眼，就会咯咯冲我笑。每次我把他抱出去，周围都是羡慕的目光：你们家宝宝好乖！简直是天使宝宝啊！

有朋友问：你不是之前还说他是高需求宝宝吗？我说对啊，但是我满足了他的需求啊。他哭闹的时候，无论我再忙，心情再差，也一定会给他最温柔的笑脸，推掉手头所有的事情，轻轻抱着他、告诉他：妈妈爱你。

我当然知道，带娃之路不会就此一片坦途，未来一定还有很多调皮、叛逆、让我们头疼的时刻，但这不正是养育孩子最有趣的地方吗？共同面对，共同成长，你会发现，孩子绝不会是你的绊脚石或者拖累，而终会让你变成更好的自己。

一个内心充盈、强大的人，绝不会用棍棒来表达对子女的爱。带孩子没有捷径，请给他很多很多的耐心，静静等待他盛开。

亲爱的小孩，快快擦干你的泪珠，我愿意陪伴你，走上回家的路。

不要拿生而不养
来标榜自己的独立

　　本文源于知乎上看到的一条问答，有人提问：为什么有的女人讨厌生孩子？排在首赞的女人是这样回答的：

　　自己当年非常抗拒生孩子，婚前就给自己上了节育环，但是耐不住双方家庭的狂轰滥炸，最终决定——孩子我来生，你们养。孕前就决定了事无巨细皆找爸爸，孩子出生后喂奶粉，孩子半夜饿哭了，老公爬起来手忙脚乱地冲奶粉。自己工作健身统统不耽误，双方家庭为了育儿观争论得不可开交时，我坐在旁边叉手看。坐月子双方家庭忙得鸡飞狗跳的时候，我把游戏打通关了。

　　答主的语句从头到尾带着一种"这是别人家孩子"的姿态，言语里带着报复似的快感，让你们催生，生出来你们养啊。她说：我还是挺喜欢生孩子的，可是双方家人都不再支持要二胎，老公坚决不同意要二胎了。

这是我头一回看到一个人以后妈的姿态对待自己的亲生孩子还能获得赞美无数，不少人高呼，这才是模范回答，答主好帅，好酷。

这么多羡慕的声音只让人看到了一件事，那就是中国丧偶式带娃的家庭实在太多了，中国女人的心中堆积了太多怨愤，借着这条回答全抒发出来了。和那些同样不爱孩子，家里也没人帮忙带孩子，都不知道为什么要生孩子，生下来又没能力养孩子，然后怨天怨地的妈妈们比，她倒的确好很多。如果这还不能给中国的吃瓜爸爸们敲起警钟，那么未来愿意生孩子的中国女性只会越来越少。

事业女性从她的故事里找到了共鸣，家庭女性满满都是羡慕。可是等等，好像有个最重要的角色被忽略了，那就是这个孩子。女人扛不住家里的压力，在没有任何爱的情况下生出个孩子交作业，请问：何帅之有？这是一条生命，不是一场你情我愿的交易。

尽管答主强调了自己只是个案，可是收获了这么多点赞，全网被转发上万次，那就真不是个案这么简单了。看着好多评论里高喊也要去戴环的女孩，我忠告一句，别太相信这个已经落后的节育方式，既伤身体，又容易发生意外，光我知道的戴环后意外怀孕的例子就已经七八起了。没有什么比安全套更好用，如果真的那么意志坚定不要孩子又不想戴套，让你男人去结扎啊！

还有喂奶粉的理论也很奇葩，仅仅是怕疼，怕浪费自己的时间精力，就直接选择给孩子喂奶粉，这是自私到什么境界了？母乳的神奇作用就不说了，亲喂哺乳是最能增进母子亲密关系的方式，没有之一，而且哺乳能够降低女性乳腺癌的发病率，这是常识问题。

我觉得我朋友天天有句话说得挺好，她说：总有些女权，拿生而不养标榜自己独立又有能耐。

坦白说，我跟这个女人经历上还是有很多相同点的。比如我经常说女人千万不要为了孩子放弃自己，要先学会爱自己。我也嫌过喂奶疼，咬咬牙熬了几天，现在最爱做的事情就是喂奶，身为母亲，看宝宝满足地吃奶真的是最幸福的瞬间。我也基本不做家务（又不是超人，什么都能忙过来），老笨只要在家的时候，给孩子换尿不湿等事情都是他的，我不找他，他也主动抢着和孩子亲近。因为带孩子真的太累，他暂时也不想要二胎了。

若说我们之间最本质的区别，那就是我爱我的孩子，要孩子是我们共同的决定。

曾经我也想过做丁克，我问老笨，要不咱们别要孩子了，房子两个人住足够，收入又够整天游山玩水。老笨说，可是我想知道你的基因和我的基因糅在一起，能够组成一个什么样的奇迹。

就是这样一句话打动了我。我说你给我一点时间，让我想清楚。当我觉得我可以对我的孩子有足够多的爱，能够承担起一个母亲的责任时，圣宝就来到了这个世界。

因为这份爱，无论他再哭再闹，我看他的眼里也只有温柔。因为这份爱，我把职场搬回了家，少看他一秒我都觉得不够。因为这份爱，我可以连续工作二十个小时不觉得累。

但凡爱孩子，无论是职场妈妈还是全职妈妈，在孩子出生的头两年都决计不会像答主这般轻松（不轻松绝不代表不幸福）。因为这是宝宝最恋母的时刻，有时候我妈和老笨主动要帮我分担抱孩子，可是圣宝只认妈妈，没办法，再累也要轻轻抱着他哄睡。不止我，做妈妈的一定都有这样的经历。

所以你要多狠心，才能把孩子练得对你熟视无睹？可以说，这个妈妈亲手割断了她和孩子之间的那条母子纽带。三岁前是一个孩子最恋母、最需要建立亲密关系的时候，缺乏妈妈的爱，孩子一生都将缺乏安全感。

当然，也有人说，这个女人挺喜欢跟孩子玩的。这种喜欢，跟你去串门，看到隔壁老王家的孩子长得很萌很水灵过去给个玩具逗两下，没有任何区别。爱孩子和喜欢孩子最大的区别是前者把孩子当作独立的生命，后者把孩子当作能卖萌的玩具。

对于羡慕这个女人的效仿者来说，如果你照搬这个女人的套路，能够得到这个女人的结局，倒也还算好的，至少这个孩子还有爸爸和长辈疼爱，不过很可惜，大部分人的结局远非如此。

人往往只是自以为掌控了命运。就拿这个女人来说，她以为一切都在掌控中，可是她若真有这么潇洒，就不会抱定了丁克之心，最后却生出了孩子。

自从这个孩子生出后，一切就都已经脱离了她掌控的范围，她沾沾自喜的资本不过是老公和家人的还算"配合"。一旦他们不玩了，撤出了这场养成游戏，请问：她如何再去美容健身、做事业？这些年我真是见过太多女人，就是明明不想要孩子，可是禁不住家人的"哄骗"，生完后却发现，那些承诺统统都那么无力，最后还是要一个人面对这个小生命，于是愤怒、抑郁，每天都活在被全世界欺骗的戾气中，无力爱自己，也无力爱孩子。

为爱生孩子和为家人生孩子最大的区别是，如果有一天爱人翻脸家人决裂，对孩子的爱，仍然可以让你坚定不移地走下去。襁褓里，那个小小的生命，需要你。生命的钥匙，在你自己手上。

所以真的不要再把这种不负责任的行为当作"酷"，好吗？比三观更重要的问题是生育观，这是两个人在结合前就要沟通的。生育观不合，千万不要在一起。比如我从不劝任何一个丁克生孩子，我尊重他们。有人爱孩子，也有人不爱孩子，这再正常不过。当你觉得自己没有能力对一个生命负责时，不把他带到这个世界也许就是最大的负责。

你扛不住家庭的重重压力去生孩子，请问：二十年后，你如何扛住孩子怨恨的眼神？

求求你，就算全世界都在逼你，也请不要拿孩子交作业，好吗？不生，我敬你是一条汉子。

孩子，
你不必去按照别人的时间表长大

在短短的一生中，有三个节点被看作是长大的标志：能憋住尿，能憋住话和能憋住事儿。有些人老了，就把最先学会的技能给忘了，有些人即便是活到老，也没能在后两个技能上增加半点建树。

小孩子总是会从最简单的做起，但是最先着急的往往不是他们，而是大人。

一起玩的几个同龄孩子里，大圣是最晚进入这一阶段的，虽然很早就知道自己去小马桶上拉臭，但是小便的归宿却仍旧是尿不湿。

起步早的小伙伴从一岁半开始，就已经在家里人持之以恒的把尿训练下，学会了"自主如厕"。我们家一直比较淡定，以至于好几次带大圣出去的时候，别人家的奶奶、姥姥一看我们还带着尿不湿，无不投来鄙视的目光。

也经常会遇到很多孩子穿开裆裤的家长给我们传授育儿经验，有一次老笨在喷泉边就被一个老太太满腔怒火地教育了一通："这么热的天你们给孩子穿尿不湿，那玩意穿你身上你不难受吗？你们这些小年轻的，根本不知道怎么带孩子！"

经历了很长一段时间的降维打击后，眼见着别的孩子都摘了纸尿裤，大圣姥姥甚至一度进入了质疑自我、后悔自责的阶段："莫不是训练晚了？这孩子咋还不知道自己上厕所呢？上了幼儿园可怎么办呢？"

两岁之后，我们也试过给他在家摘掉尿不湿，训练他自己上厕所，但每次都以失败告终。大圣总是一边大声喊着"我要尿尿"，一边尿裤子。

有几次，我妈气得训斥他道："你个小家伙怎么这么坏，故意尿裤子！"

我拦下她："他只是没到那个阶段，憋不住尿，膀胱比大脑快，心里想着脱裤子的时候，尿已经下来了，绝不是故意恶作剧。"

如果你的孩子也有过这种情况，请记住，唯一的答案就是它们还没有到达可以自主如厕的阶段，你能做的只有等待。

然而说归说，你不知道这一天什么时候到来，未知还是让人焦虑。

这期间我给大圣买了几本关于上厕所的绘本，闲下来就给他叨咕几句。眼见着之前囤得山一样的尿不湿与日俱减，他却依然我行我素。

可是过了新年，小家伙好像一夜之间意识到自己长大了。

有一天，他在地垫上玩着玩着，突然就往卫生间跑，嘴里还念念有词，"穿过长长的过道，大踏步向前……"（绘本里的台词），地上的我还一脸懵，赶紧起身也跟了过去，小家伙已经盖上了小马桶，一脸得意地冲我说："大圣尿尿了。"

皇天不负尿不湿，终有云开雾散时。

这绝对是一个值得铭记的历史进程，那一刻，脑海里能搜刮出的所有话语都显得苍白无力，满含着热泪的老母亲只在嘴角挤出了一句："妈，你外孙学会自己上厕所了。"

毫无征兆的，小家伙竟然就这么无师自通地解决了。

尽管我知道控制尿便的神经与肌肉通常在 18 ～ 24 个月才会发育成熟，如厕训练完成的平均年龄在两岁半左右，一般男孩会比女孩略晚一些……

但是对于父母来说，你所熟知的这些知识，总能被孩子给你带来的各种意想不到的惊喜击溃，哪怕你觉得自己已经做好了充分的准备。

尤其是对于那些在成长路上跑得略慢的孩子而言，这种惊喜会来得更加猛烈。

我知道很多妈妈每天都活在别人家小孩的阴影里不能自拔，天天对照生长发育标准和各种时间表，一发现在哪方面落后，就赶紧查缺补漏，身高矮了必须补微量元素，体重轻了一顿胡吃海塞，生怕孩子晚别人一步，焦虑得不行。

其实所有的焦虑和恐慌都源于不了解，因为不了解各年龄段孩子的生长特点，所以喜欢拿个别当普遍，曲解孩子正常的生长发育规律，认为别人家孩子能做到的事，自己家的孩子也必须要达标。

时间长了，再大的心脏也得被碾成玻璃碴子。

对孩子来说，根本没有所谓一刀切的标准，只要是在合理范围之内，不必过度关注时间的早晚，每个孩子的成长轨道都不一样，父母只需要给孩子充分的准备时间和耐心等待，以一个陪跑者的姿态从容地看 ta 走完全程，剩下的交给时间就好。

每个孩子都有属于自己的成长时间表，有的快一些，有的慢一些，他们就像是不同科目的植物，花期各有不同，各有各的可爱和多彩。

只想对他说一句：孩子，你慢慢来，不必去按照别人的时间表长大。

怎么全是妈妈，
爸爸去哪儿了

有了大圣之后，我就开启了全职在家写作（带娃）之路，每次有人好奇地问："斑马你是不是就是每天在家写东西啊？"我都会一本正经地告诉他们："不不不，我的正职是陪孩子听儿歌。"

比如一首《拔萝卜》，我每天也就陪大圣听个百八十遍吧。家里有个好朋友送的大象摇篮，一捏象耳朵就会源源不断地放儿歌，里面的曲库已经翻来覆去放烂了，以至于《鲁冰花》的旋律刚一响起，大圣就会激动地喊："妈妈！妈妈！"

在陪大圣听了五百多首儿歌后，我们发现有点不对劲了，很多儿歌都是赞美妈妈的，却鲜少提到爸爸。

这件事最开始还是老笨先发现的。有一天，我在写稿，他陪儿子听歌，听着听着突然幽幽地说了一句："怎么全是妈妈，爸爸去哪儿了？"

我一愣："啥？"

老笨于是坐到地上开始给我掰扯："你看啊，刚才你听的那几首歌，《世上只有妈妈好》，是夸你自己的吧，'离开妈妈的怀抱幸福哪里找'，他爸就不能给孩子幸福？还有那首《鲁冰花》，'地上的娃娃想妈妈'，凭啥不想他爸？哦，对了，还有那首《小兔子乖乖》，什么'妈妈没回来，谁叫也不开'，怎么个意思，爸爸还开不开门了呢？都是关于妈妈的歌，太不公平了，爸爸去哪儿了？"

此时此刻，手机里传来"我有一个好爸爸"，我兴奋地说："你看……"话音未落，小朋友接着唱道："哪个爸爸不骂人，哪个孩子不害怕……"

老笨一脸得意地看着我，表情活像是一个抓到了作弊学生的监考老师，嘴里还念念有词，"好不容易听到一个，结果还是说爸爸打骂孩子的，当这个爸爸的孩子怎么这么惨啊，这难道不是骂人吗，赤裸裸的偏见啊……"

经历这次小风波，我发现爸爸的确在儿歌中的存在感低了一些，大多数都是夸赞妈妈的。不仅是儿歌，连绘本、动画片里也是如此，搞得孩子们个个都是"留守儿童"。

比如《小马过河》，一开头就交代了小马和妈妈一起生活，遇到问题也是问妈妈；《小兔子乖乖》里，拔萝卜、采蘑菇，自始至终都是兔妈妈在干活。

《三只小猪》中，猪爸爸从未出现过。

就连小蝌蚪，千辛万苦去找的也是妈妈，《宝莲灯》更是一场感天动地的寻母记……

难道这些主人公都是单体繁殖出来的吗？

有个朋友就曾和我吐槽过，说现在的绘本太奇葩了，他给孩子讲《三只小猪》的故事，孩子别的不听，每次都揪着他问，爸爸，为什么三只小猪没有爸爸啊？

这些号称经典的儿歌、故事都有一个问题——母系情结过重，它们都在向孩子灌输一个好妈妈的形象，温柔、聪明、能干，可是到了爸爸这里，就只剩下工作忙、有力量了。

现在丧偶式育儿已经成了妈妈们口中的一个热词，甚至有人把它上升到了造成中国女性悲剧命运的高度：不承担责任，父爱缺失，做隐形人……爸爸们被吐槽得体无完肤，以至于一旦有个能够带娃的老爸出现，搞得就像是珍稀动物现身一样。

@小安纸很想念喵喵：国内丧偶式育儿简直令人发指，狗宝爸爸带他上早教，被老师们夸成了一朵花，被我制止说这是爸爸的本分。老师们表示很少有爸爸来，即使是周末，你老公真是太好了！我冷冷回了一句我又不是寡妇，老公在世凭什么不来，要么就是中国大多数爸爸都是干国家大事的，这种小事何足挂齿。然后整个早教中心的人脸都绿了。

抛开部分爸爸的大男子主义，这种社会共识的出现与我们一直为孩子营造的舆论环境有很大关系。

在孩子的世界里，听的那些儿歌、看的那些绘本和动画片会对他们产生比较深的影响，在他们的脑海中形成一个朦胧的三观，他们也会对动画片的情节进行主动模仿和代入，随手一搜就能看到不少小孩因为模仿动画片而造成伤害的案例。

而当儿歌、动画片中都是以妈妈为主角时，孩子也会在潜移默化中觉得在家里妈妈是最重要的，爸爸是次要的，并开始习惯性地把这种意识带入到现实世界中。这不仅对爸爸们是一种隐性伤害，同时也不利于孩子的健康成长。

寓教于乐虽然是好事，但是在给孩子挑选儿歌和动画片的时候还是要有所选择，很多被奉为经典的儿童作品流传了很多年，其实细究起来真的不是十分适合给孩子从小听和看。

比如那首《世上只有妈妈好》，我上幼儿园的时候班级里有个单亲孩子，每次音乐课一唱这首歌就把头埋在桌子下面。据说这首歌曾在台湾被当作某母婴用品广告，后来因为抗议太多被禁掉了。要我说活该被禁，什么叫"没妈的孩子像根草"，对这些失去妈妈的孩子来说真的伤害很大。

还有那部在中国孩子中特别流行的《熊出没》，很多孩子的暴力行为都是在模仿光头强……

正是这种社会文化的长期渲染，造成了爸爸们的存在感普遍薄弱，从小到大，我们接受的熏陶就是妈妈最棒，妈妈冲锋在育儿的第一线是天经地义的，爸爸只是可有可无的打酱油角色。

事实上，==成长过程中，没有什么角色能替代爸爸，哪怕是妈妈。==特别是对于男孩而言，爸爸对于儿子承担着重要的性别角色示范作用，通过对父亲的观察、模仿，儿子才能一步步对自己的性别产生认同感，形成自己的男子气概。

所以父亲角色缺席儿童作品，对于培养男孩子的责任感其实是很不利的。当这一批听着《世上只有妈妈好》的男孩长大，他们很难不成为妈宝男，很难扛起一个家庭的重担。

说了那么多负面的，也来聊一部正面的，真正适合推荐给孩子的动画片，那就是《小猪佩奇》。没看过之前我不太明白这几只粉红色的猪为什么能在妈妈圈如此风靡，几季看下来才发现，这部动画片设计得真的非常有爱，佩奇不是最大的亮点，猪爸爸才是精髓所在。

无所不能的猪爸爸，爱子女，爱妻子，最重要的是他从来不发脾气，佩奇撞坏了他辛辛苦苦种的大南瓜，爸爸也只说了一句："太好了，我们可以吃南瓜派了！"

也有人说，低幼的孩子不适合看这部动画片，他们会学着小猪一家去往泥里打滚。这一点见仁见智，但是这部动画片传达的浓浓的亲情和民主的教育理念，不只适合小朋友感受，也适合每一个大人学习借鉴。

中国也曾经有一部类似的动画片叫《大头儿子小头爸爸》，旧版很经典，可惜被一群"身世考据派"搞污了，没人再聚焦父子情，原本普普通通的"隔壁老王"成了别有意味的暗示。至于新版，严重脱离现实，说教味太重，缺乏孩子视角。

不知道什么时候，中国才能出一部有爸爸有妈妈，有趣有情有益，真正适合一家人看的儿童作品。最重要的是，千万别让爸爸从孩子的故事里消失。只有让爸爸以正面的形象回归到主流语境中来，妈妈才不会一个人战斗。

每一个妈宝男背后，
都站着一个"吃瓜"的爸爸

1. 全程默默"吃瓜"的父亲

爸爸们，别只让孩子看到你们的背影。

我说过，会找个时间聊聊《中国式相亲》。这档将人民公园相亲角搬上大屏幕的相亲节目一开播就掀起了全民讨论狂潮，其中2号"妈宝男"更是成了网络集火的对象。

比自称"懵懂无知"，想找个能照顾人的姐姐的二十三岁男嘉宾争议更大的，是他那位做营养师的妈妈。

这个妈妈里里外外都透出自己的能干和强势，一上来就对未来儿媳提出了一大堆条件：手凉的女生不能找（常年手凉的斑马看到这里默默冒出一身冷汗），宫寒……在儿子违反自己意志选择了四十岁女嘉宾时，这位母亲又甩出了"二十岁男人是期货，四十岁男人是抢手货"的理论（所有妈宝男的妈妈都对自己的儿子有一种"谜之自信"）。

当所有火力齐刷刷对准这对奇葩母子时，不知道你有没有注意到，一个重要的角色被忽略了，那就是那位全程默默"吃瓜"的父亲。

2. 当下中国女人的"四不幸"

随着周围人纷纷做了妈，我的朋友圈就被各种歌颂母爱的鸡汤文包围了，这些年轻的妈妈每天都热衷于分享类似"做母亲的苦你永远不懂"这类煽情主题的文章，用于感动自己，顺便也起到了恐吓其他未育女性的作用——看，养娃就是遭罪。

自从我生完宝宝后，不止一次有姑娘扔来这类文章问我："斑马斑马，要了孩子的人生真的就这么毁了吗？我不敢要孩子了。"

上次我在微博发了一篇鼓励妈妈积极向上的文章，有个女人一直在下边骂，还顺便贴出了一篇讲带娃后如何一个人苦苦支撑，从美貌少女变邋遢妇女的帖子，备注是：你看看吧，这才是带娃的正确姿势。

她所谓的"正确姿势"，就是把老公的零参与当作最自然不过的事情，映射出当下中国女性的"四不幸"：当妈式择偶、保姆式妻子、丧偶式育儿、守寡式婚姻。

如果你真的带娃带得这么辛苦，你要做的第一件事不是后悔要了孩子，而是反思自己的婚姻模式是不是出了问题。

为了结婚而结婚，婚后缺乏沟通、不懂得如何处理感情是中国男女的共同症结，男人把焦虑投射到了工作上，女人把焦虑投射到了孩子上，啼哭的孩子、绝望的母亲和缺席的父亲，成为大部分中国家庭的现状。父亲在亲子教育中的角色错位，使孩子朝着母系群体倾斜，催生出越来越多的巨婴，这才是中国潜藏的最大的社会问题。

3. 别让父爱真的"不动如山"

中国青少年研究中心曾经做过一个调查，在被问到"心情不好时，谁最能理解、安慰你"时，仅有 10.0% 的少年儿童选择了父亲；在被问到"空闲时间，你和谁在一起的时间最长"时，仅有 6.9% 的少年儿童选择了父亲；在被问到"谁最尊重你，让你感到很自信"时，仅有 15.5% 的少年儿童选择了父亲；在被问到"内心的秘密，你最愿意告诉谁"时，仅有 8.5% 的少年儿童选择了父亲。

甚至有人调侃：终于知道了为什么"父爱如山"，因为你需要父亲时，他就像山一样杵在那里，一动不动！

缺失父爱的女孩难以与男性发展健康良性的关系，她们终生都会从其他男性身上寻找依赖。而对于男孩来说，父亲对自己的影响更为深远。

每个男孩的一生都或主动或被动地成为第二个"父亲"。

北岛在追忆父亲的文章中写下：

回望父亲的人生道路，我辨认出自己的足迹，亦步亦趋，交错重合——这一发现让我震惊。

父爱缺失的男孩很难在男性的自信与自制间找到平衡点，对于性格甚至性向都有至关重要的影响。《中国式相亲》里的 2 号男生在向女嘉宾表达时非常坦诚地说，自己从小到大都极度缺乏安全感。《奇葩说》中的明星辩手姜思达见证了母亲几次失败的婚姻，从小在没有父亲的家庭中成长，安全感的极度缺乏和对婚姻的失望，强化了他的性格和取向。

丧偶式育儿有一个典型代表，叫林凤娇。成龙多年来对林凤娇母子只负责经济，其余不管不问，甚至深深以自己的大男子主义为傲。房祖名六年才见过成龙六次，十七岁前他被禁止宣称父亲是成龙。印象最深的是成龙自述他有一年难得去参加一次房祖名的家长会，到了小学门口，才知道儿子早已上了中学。房祖名吸毒被抓时不少人惋惜，一把好牌就这么烂在了手里，可是如果你知道他有过一个怎样的童年就会知道，这副牌从一开始就已经稀烂。

4. 让缺失的父爱重新归位

给孩子一个美好的童年，最重要的是让缺失的父爱重新归位。

相当一部分在被宠溺中长大的 80、90 后男性匆匆走入婚姻家庭时，他们自己的心智还不成熟，只是从男孩成长为一个更大的男孩，而不是成为一个男人，这样的他们自然难以承担起一个做父亲的角色，在出现问题时，第一选择就是逃避。

社会和母亲需要做的事情是给这样的父亲多一些鼓励，把他们拉回育儿的第一战场，帮助他们成长。

电影《猪猪侠之英雄少年》的片方元旦组织了一次"萌娃拯救猪老爸"的全国点映活动，呼吁爸爸更多地陪伴孩子。我一个朋友的儿子吵着要去，去之前朋友满是不屑，他说，这样的国产动画电影有什么好看，还不如去看《星球大战外传》。我说你不要以一个成年人的视角来衡量孩子的世界，一个四岁的孩子看不懂星球大战中复杂的人物关系，天行者是你的英雄，而猪猪侠才是孩子们的英雄。

果然，蠢笨小猪拯救世界的故事他儿子看得津津有味，一会儿笑，一会儿哭。看完电影他逗儿子：我们长大做猪猪侠好不好？出乎意料的是，儿子坚决地说：不，我要做菲菲，有猪猪侠拯救她。

朋友又难过又自责，难过儿子身为一个"小男子汉"没勇气没担当，宁愿做被保护者也不愿做英雄，自责自己每日流连各种饭局错过了孩子成长，没有保护好儿子，造成了他父爱与安全感的缺失。

但他心中更多的是惶恐，他一遍一遍问我：你说，我儿子竟然想做菲菲（女主角），他长大不会变成娘炮吧？

对儿子来说，父亲承担着重要的性别角色示范作用，通过对父亲的观察、模仿，儿子才能一步步形成"男子汉气概"，可以说，每一个父亲都应该是儿子人生中的第一个英雄，每一个儿子都梦想成为父亲那样的英雄。可是在朋友儿子的心中，英雄的角色是空缺的。

没有人天生会当父亲，大家的起点都一样。一个好的父亲并不需要十全十美，你不必做儿子注定无法翻越的高山。我陪你成长，你陪我成熟，多年父子成兄弟，就是最美好的父子关系。

钱没了可以再赚，但在孩子成长的那十多年，做父母的不可以偷懒。别再做个"吃瓜"的爸爸，你应该和孩子一起走进人生的赛场，而不是高高在上地坐在看台上。有推杯换盏的时间，不如陪孩子做个游戏，看场电影，或是一起做做功课。

别让你的孩子终其一生，只看到你的背影。

第二章

我们到底要教养子女些什么

我们教养孩子的最终目的是什么呢？自然是为了让孩子有更好的发展，想给孩子创造一个比任其自由发展时可能接触到的更广阔、更美好的环境。

为什么越懒的妈，越能带出聪明娃

　　小 A 四岁的儿子被幼儿园的老师吐槽了，她回来伤心欲绝。老师的用词很婉转，不过翻译成大白话就是：你儿子生活完全无法自理，学东西也慢，远远落后于同龄小朋友，你这个家长是怎么当的？！

　　让 A 伤心的还不是儿子生活无法自理这件事儿，这是她儿子，能不能自理，能理到什么程度，她自己还不知道吗？让她真正伤心的是幼儿园老师的质问。

　　"我自问天底下没有哪个妈妈能像我一样对孩子用心了！" A 特别难过地说。

　　我能理解 A 的委屈，她为儿子的付出有目共睹。作为一个全职妈妈，她每天生活的唯一重心就是儿子，对儿子的照顾绝对称得上无微不至，每天钻研怎么给孩子做饭吃更有营养，家里的边边角角都装上防撞条，出门眼睛分秒不离孩子，儿子长这么大，衣服袜子都没自己穿过，饭恨不得要一口一口喂到嘴里才吃。连带出去跟同龄小朋友玩都不放心，生怕磕了、碰了、挨欺负了。

其实在被老师批评前，A 一直挺骄傲的，既沉浸于好妈妈这个角色，又享受着儿子对自己的依赖，儿子一有问题就喊妈妈，对全职在家把照顾孩子当作事业的她而言，这是一种被需要的幸福和满足。而和外面那些晒得黑不溜秋整天带伤而归的皮孩子相比，被照顾得白白胖胖的儿子又让她油然而生一种自豪。所以她任劳任怨，从未觉察出任何不妥。我不禁想起之前看过的一则报道，某男生带了一百双袜子入学，一天换一双，攒够一大包就快递回家给老妈洗。我身边没有这么夸张的例子，但我真认识个女孩，二十五岁自己独立租房子住之前连洗衣机都没摸过，她说爸妈把所有家务都包办了，而且因为怕危险，一直禁止她碰各种家用电器。

我跟 A 说，你就是太勤快了，你这么大包大揽，你儿子怎么独立？

我经常听到家长们抱怨，为什么有的性格不但不遗传，还是相反的？你会发现，越勤快的父母养出的孩子越懒，倒是看上去越懒的父母，孩子越容易独立。

《爸爸去哪儿 4》里，沙溢和安吉父子就引发了大家的深思，一度掀起了育儿大讨论。沙溢是个"笨手笨脚"的爸爸，安吉却成熟懂事。我的朋友 C 有个比谁都懒的妈，春节都懒得做东西吃，去趟超市就当过年了。C 却有非一般的动手能力，出去旅行简直就是人肉 GPS，所有攻略都做得妥妥帖帖。

懒，不应源于天性，而应该是一种技巧。偷懒绝不等于当甩手掌柜什么都不管，当家长的若是一天到晚打麻将、玩游戏、无所事事，孩子一定有样学样。做一个会偷懒的家长，比做一个大包大揽的勤快家长难度要大得多，这就好像一份选择题试卷要考 20 分很容易，考 0 分却和 100 分一样难。

而孩子的成长，就是对家长的一场考试，与其千辛万苦拿一个及格分，不如试试考"0 分"，留 100 分给孩子自己拿下。做一个"0分家长"，你要先能读懂孩子，充分了解孩子，然后放权给孩子。战术上懒惰，战略上要比谁都勤奋，这并不会真的比做一个勤快的家长省心多少。

勤家长相信自己，懒家长信任孩子。治大国如烹小鲜，教育孩子也一样，借力打力，无为胜有为。对家长们来说，给孩子的最好的爱，就是把手放开。

首先，你要培养孩子独立生活的能力。

A 是个尽心尽责的好妈妈，可她不是一个聪明的妈妈。像 A 这样的妈妈还有很多，她们从不放手给孩子，却希望孩子有一天能够突然独立，这难度简直比中彩票还高。

如果孩子还小，你不能真的撒手不管，该做的防护工作一定要有，但是你可以试着"装作"不管，放手让他们自己去尝试。无论他们最后是否成功，都要记得给他们一个大大的鼓励。

我爸爸就是个"懒"爸爸，我才上小学时就自己一个人坐火车了，自己查站名、排队、买票。为此我在同龄人中很是得意，觉得自己已经是一个大人了，其实后来才知道，爸爸一直在后面悄悄跟着我。

要学会在孩子面前示弱，不要什么都试图表现得完美，孩子要么吹毛求疵无法容忍自己的不足，要么觉得爸爸妈妈是可以搞定一切的超人，自己什么都不用努力。适当暴露自己的缺点，可以让孩子有一颗包容的心，知道原来妈妈也会犯错误，爸爸也会偷懒，我可以做到像他们一样，甚至比他们更好，这是孩子能不能走向独立的关键。

其次，你要培养孩子独立思考的能力。

美国历史上曾经有一个非常著名的官司，幼儿园老师因为教三岁小女孩伊迪斯认识了字母 O 而被孩子的妈妈告上了法庭，理由是幼儿园剥夺了孩子的想象力。

因为在将"O"的定义锁定为字母之前，它可以是苹果、太阳、足球、鸟蛋等任何圆形的东西，而幼儿园剥夺了孩子这份天马行空的想象力。

这是现代教育史上的重要启示。勤快的家长恨不能把自己知道的常识一股脑灌给孩子，而懒家长，则懂得培养孩子独立的思考能力。孩子遇到困难时，先鼓励他们大开脑洞，大胆说出自己的想法观点，哪怕它们听起来非常幼稚。

多说"你想想看"，少说"事情是这样的……"，不要用成人的视角禁锢住一个孩子的思维，孩子的世界里答案永远是丰富多彩的。

最后，你要培养孩子独立学习的能力。

学习能力是很多家长最看重的能力，但偏偏他们看重的方法就是盯着孩子的成绩。成绩好了就奖励，成绩差了就责骂，时间久了，孩子只关注试卷上的分数，得失心越来越重，对学习本身的兴趣却越来越低。

一个懒家长，首先要做到对孩子的成绩懒得问、懒得看、懒得听，与其关注他这一次的考试比上一次多了或者少了多少分，不如多关注一下这份试卷又暴露了孩子知识上的哪些不足。

有些看上去很勤快的家长，每天像地主盯长工一样监督孩子背了多少个单词，背了多少篇新概念作文，恨不能半夜鸡叫。但是说完一转身，他们自己跑去看电视打游戏了，孩子是个什么心情？

还有的家长，恨不能时时刻刻拿个教鞭，就连孩子难得放松一下看个迪士尼动画片，也要时不时考核一下：这句你能听懂吗？给我翻译翻译。搞得孩子兴趣全无。

懒家长不催孩子，他们善于利用工具、环境，激发孩子自己的学习积极性。演员刘涛和老公王珂在家哄儿子吃药都要全程英语对话，小男孩喝药苦得鼻子都歪了，都没影响他流利地来一句："You're teasing me."

对孩子最深沉的爱，就是克制

朋友圈三大晒：晒娃、晒宠物、晒自己，其中尤以晒娃为最。

偶一为之的晒娃，并不会引人反感，有时候关系不错的朋友生了娃，你还会好奇主动去她朋友圈翻翻娃长啥样。但是日日晒，360度无死角的晒，就让人发毛了。

我朋友圈有几个当妈的，生了娃，一秒钟变身自己孩子的脑残粉，每天能上传五十多张照片，四十多个小视频，每次一晒图就是九宫格。每一张其实都看不出太大区别，基本就是娃动一下，来一张，再动一下，再来一张。内容全是娃生活的日常，哭了来一张，笑了来一张，骑小车来一张，穿个花裤子来一张，最奇葩的是拉屎也要来一张，新鲜热乎地发上来，黄澄澄一片，隔着屏幕都能闻见味道。有个妈妈我要是不屏蔽她，她能霸占我朋友圈一整天。

　　娃的美丑且不论，就是鹿晗或吴亦凡天天几十张几十张地发自拍，我觉得他们的粉丝也会有看腻的那一天吧？每当看到这样的朋友圈，我心中就一万只小乌鸦飞过。

　　我一个朋友说，你这算啥，更奇葩的你还没看见呢。说完给我发来一张她的朋友圈截图，一个小男孩，都六岁了，不穿裤子，直接露出小丁丁，手里拿个剥了壳的鸡蛋倚在门上。配文：看着宝贝的成果，真是给了我一个大惊喜。我想，如果她儿子哪天学会自己穿裤子，她可能会激动得晕过去吧。

　　生娃之前，我并不是很能理解这种无论娃长成啥样都能天天晒的自信何来，那会儿我经常非常有忧患意识地跟朋友们讨论：万一娃生得丑了怎么办。

　　可是圣宝生出来之后，我就懂了，自己的娃，果然怎么看怎么可爱啊，两个字形容就是：完美。128G 的手机内存完全不够用啊，每天就是拍拍拍，他翻个身笑一下都觉得可爱到爆啊，我觉得哪个手机厂商要是考虑到新妈妈党这个强大的市场，推出晒娃专用超大存储手机，肯定一出就卖断货。

　　情人眼里出西施，父母眼里自己的娃都是天使。可是你的天使，不是人家的啊。我曾得意扬扬地问我妈："你看，我儿子帅不帅？"我妈："嘿嘿，像他爹……"

　　所以圣宝的照片，我基本就亲朋好友间小范围欣赏一下，虽然压抑晒娃的洪荒之力是件挺痛苦的事，但我还是避免整天上传朋友圈给其他人带来困扰。

自己的孩子，自己认为天下第一美、第一帅就够了，没必要强制输出给别人。比如有个当妈的，坦白说她儿子真的就是一般小孩，但是她每天都要上传大量照片，还逮谁给谁看："我家小王子好帅，睫毛好长，好有型，人见人爱花见花开……"觉得自己孩子帅也就罢了，还贬低其他孩子："推着孩子在小区转一圈，就我们家小王子眼睛最大、皮肤最白……"

人们晒娃的本质其实是出于自恋，每一个复刻着自己DNA的宝宝，都像一个迷你版的自己。与其说是期待别人认可你的娃，不如说是期待别人认可你。但是偏偏大部分人，包括我自己，长相都是路人，生出来的孩子，当然也是路人。喜欢你的人，连带着也喜欢你的娃，不喜欢你的人，看你的娃也是丑的。我们不是能让每个人都稀罕的人民币，我们的娃也不是。

都说要给孩子最好的保护，不让别人因为你的行为而讨厌你的孩子，也是对孩子的保护。说到底，宝宝不是你的玩具，也不是你的附属品可以随意展示，你把带着他私处的照片都上传到朋友圈经过他同意了吗？他长大了自己怎么看？

疯狂晒娃给别人造成骚扰还在其次，毕竟朋友圈还有伟大的屏蔽功能，但是涉及人身安全问题就不得不引起重视了。

每个孩子都是父母的心头肉，去年朋友圈狠刷了一阵要判人贩子死刑的图片，都知道失去孩子对一个家庭来说意味着什么，可是很多家长不知道，你晒娃晒得这么狠，人贩子想不找上门都有点难。

有的家长完全没有隐私意识，把孩子的年龄姓名血型喜欢吃什么、喝什么、玩什么、在哪上学，甚至在哪个班，今天有没有得小红花，都事无巨细地发在朋友圈，加好友又随意，甭管卖房子的、卖车子的、开超市的、收废品的……反正随便有点交集就可以加个好友，还允许陌生人查看十张照片。还有警惕性更差的，跑到微博里发，是不是好友全都一览无余。

现实生活中每个妈妈都是被迫害妄想症，宝宝一举一动都操心，别人多看娃一眼心都提到嗓子眼：这人是不是别有企图？可是网络世界里，你却把他的隐私随处展示。遇到人贩子或者心术不正的，人家都不用费劲，花上几分钟就能做个详细的家庭履历表出来，拐走你娃真是分分钟的事。

曾经有个奶奶在广场带孙女，出去了还不到五分钟就有个陌生女子凑上来说我是你妈妈的好朋友，孩子叫啥几岁全能说上来，差点就带走了。还有个陌生男子把别人小孩照片打印出来跑到幼儿园谎称是孩子舅舅去接孩子，幸好保安机警，三句话问出了破绽。

不要等出了事再恨人贩子，他判死刑了，你孩子就能找回来了？找回来了，失去的那几年又怎么补回来？

对孩子最深沉的爱，就是克制。

想给孩子记录幼年时光的初衷无可厚非，和亲朋好友们分享孩子的成长是莫大的快乐，但我们需要一种不会影响他人同时又绝对安全的方式。比如在朋友圈设置仅亲友可见，或者选择专门的亲子照片上传网站，尽可能避免提到有关孩子的关键信息，做个走心的父母，用镜头抓住孩子成长的标志性时刻，而不是像一部流水账一样事无巨细地呈现他们的日常。

呵护孩子的第一步，从理性晒娃开始。

如果我不是爸爸亲生的，
可能反而会原谅他

看《狗十三》这部电影时，我哭了。这是我第一次在看国产的青春电影时哭。

中国电影银幕这些年骤然兴起了一股青春热，催生出太多不知所谓的青春片，那些青春不再的演员们画着浓妆穿上校服，轮番上演着车祸、堕胎、打架、退学、没完没了的骂战和三角恋。

看得多了，你甚至怀疑自己度过了一个假的青春期。

这也是为什么荧幕上的演员越是哭得撕心裂肺，命运越坎坷波折，越想把针狠狠扎进你的心口，台下的观众越是一脸麻木、无动于衷，甚至爆发出哄堂大笑——

因为这剧情和真实的青春没有任何碰撞和共鸣，好像两个永不交错的平行时空。

但《狗十三》真真切切地让每一个人感到了疼，这种疼是无声无息的。

那份有附加条件的爱

影片讲述了一个再普通不过的故事：买狗，丢狗，再买狗，狗再次被丢弃。所有的故事都是围绕着少女李玩和两条叫作爱因斯坦的狗展开的。

刚刚进入青春期的李玩对成长还一无所知，她青涩、单纯，又有那么一点点孤僻不合群，热爱天文和物理，总想去研究宇宙的另一头到底有没有平行时空。

李玩的父母很早就离异了，她被爷爷奶奶带大。老两口很疼爱这个孙女，骨子里却仍是重男轻女。

爸爸和继母生了一个弟弟，全家人欢天喜地的，却独独瞒着她一个。这个出发点是善意的，可是善意的背后，情感的重心还是不知不觉地发生了微妙的偏移。

面对叛逆期的女儿，爸爸并不愿花时间去了解她的内心世界，他关爱的方式就是送来一只小狗哄女儿开心。

李玩把狗当成自己的亲人，和它同吃同睡，与她和狗之间的友谊相映衬的，是她在现实世界中无人可诉的孤独。

狗意外走丢了，李玩疯了一样到处找狗，一家人被闹得鸡犬不宁。没人真正去安抚她的伤痛，他们抱回来一只长得有几分相似的狗，坚称它就是丢失的"爱因斯坦"。

她接受不了这样的欺骗和愚弄，用最激烈的方式反抗。

被偏爱的人才会有恃无恐。她任性、叛逆、胡闹，是因为深信身后有无条件爱她、包容她的家人。

直到她被父亲的一顿暴打彻底镇压。

前一秒还说着"我的孙女我不疼谁疼"的爷爷，目睹着这一切，却一言未发。

她终于明白了这份爱有着最严苛的附加条件，随时都可能撤回——这是她懂事的开始。

她懂事地为从天而降的弟弟庆祝生日，却发现自己已经成了这个家中可有可无的局外人。

她懂事地接纳了那条不是"爱因斯坦"的"爱因斯坦"，却眼睁睁地看着它被家人丢弃，再一次从自己的生命里消失。

爸爸是爱女儿的，至少他自己是这么深深以为的。可是他从来不了解她的喜好，不明白她真正想要的是什么，甚至连她不喝牛奶都不知道。

只有在她英语考第一、物理竞赛拿一等奖的时候，他才是眉开眼笑的。

他代表着最典型的中国式父母，总把爱孩子挂在嘴边，却永远只爱优秀懂事的孩子。

你乖、你优秀，要什么我都满足你；你不听话，就是欠揍。我打你，也是因为爱你。我做什么都是为了你好，任何时候你都要服从我的安排。

在这样有条件的爱之下，她终于被彻底驯化了，再也不敢发出一点不合时宜的声音。

得知第二只"爱因斯坦"的死讯时，她只是波澜不惊地对爸爸说了声"谢谢"。

面对饭桌上的狗肉，她沉默良久，夹起一块强颜欢笑地咽下去。

她又何尝不是那只笼子里的狗，听话就有肉吃，不听话就是一顿鞭子，打到老实为止。

她甚至比爸爸还要成熟了，在他情绪突然失控、崩溃大哭的时候，她仍能一脸平静地说："要不要给你换一首《男人哭吧不是罪》？"

她仿佛一夜之间，就从童年进入了成年——而成长，就是一场残酷的自我阉割，割掉身体最尖锐的那部分，去迎合这个庸俗的世界。

为什么这个电影让人有如此强烈的共鸣，因为它的每一个细节都足够真实。"狗十三"的字面意思，大概就是狗日的青春。

又爱又恨的纠结关系

从电影院出来，我坐在车里，跟老笨聊起童年，我说这几乎就是我自己的故事，太多的场景都似曾相识。

说着说着我又哭了。在影院我是收着哭的，这一次是崩溃地哭，哭到不能自抑。那些我以为已经忘了的一幕幕，又像过电影一样浮现出来。

我想起我养过的宠物们是怎样在我妈的激烈反对下，一个一个地被送走，每一次我都能哭上一个星期。

我想起我拿奖的时候，全家是如何沉浸在一片欢腾中；而我成绩下滑时，看到的又是怎样的愤怒甚至冷漠。

初一那年我爸爸开完家长会回来，眉飞色舞地回忆着自己是如何接受老师的夸赞，被家长们追着介绍经验。

可是我不争气，初二那年成绩下滑，还因为看小说被老师逮住留堂。爸爸来学校接我时，当着全班同学的面，朝着我脸上就是一记耳光，然后一把薅起我的衣领，把我从座位上拽了出来，又一路拽出了校门口。

影片里，爸爸暴打完李玩后抱着她悔恨不已，一遍一遍说着"爸爸爱你"的场景，恰恰是贯穿我整个童年和青春期的日常。

我一次次的不懂事和不优秀激惹着他，打人前他总是控制不住自己的情绪，可是打完后他又懊悔流泪，他总是抱着我说："爸爸错了，爸爸再也不打你了。"

打完我的那几天，他是天底下最好的爸爸。每当我终于要相信这件事的时候，等来的总是新的巴掌。

一次次的恨与和解的纠结，都是在之前伤口上的一场撕裂。

我的经历并没有任何特别之处，类似的记忆存在于相当一部分80后的心灵深处。

我们并没有那么叛逆，别说堕胎、流产、三角恋，甚至可能连早恋也没有过。我们没有生在一个不幸的家庭，也没有经历过什么重大的人生变故，反而因为是独生子女，被家人倾注了全部心血。

一切暗流汹涌都藏匿在平静的外表之下，看上去，我们就是那么一个个平平常常，按部就班的孩子：规规矩矩读书、考大学、找工作、结婚、生子。

前两天我转了一篇讲亲子鉴定的文章，一个不太熟的朋友突然跑来问我知不知道哪里可以做这个。

我说你怎么会有这个需求？她沉思了一阵后说："我想知道自己到底是不是爸爸亲生的。如果不是，我想自己反而会好受得多。"

我被这段话堵了很久。

我身边很多人对父母都是又爱又恨的态度，其中有个女生前前后后跟她的母亲拉黑又和好了四五次。

她一时声泪俱下地控诉母亲对自己的冷漠，一时又开开心心地秀着母女间的日常，她的内心是极度矛盾的，心底已经远远拉开了距离，却又渴望被认可、被接纳。

我也常把对父母的爱挂在嘴边，却没有耐心和他们花时间聊天。我常常很想念我爸，可是每次电话接通时，我就下意识地说一句："是我妈找你，你们聊。"然后把手机交给我妈。

每当我妈兴致勃勃地跟我聊业主群又做了什么事的时候，我总是不耐烦："做这些没用的事有钱赚吗？"

直到有一天，我妈妈非常委屈，她不明白女儿怎么就不愿跟她多说几句。

我也想知道问题出在哪里，于是一路追溯到小时候。我想起自己在饭桌上刚想谈起学校日间的趣闻时，也总是被他们粗暴地打断，铁着一张脸问："你说的这些事跟学习有关系吗？"

原来我一直都在报复，在潜意识里，用他们忽视我的方法去忽视他们。

这些被压抑的记忆都在成年之后不着痕迹地反弹到了父母身上，这就是功利的、有条件的爱留下的创伤。

不能站在原地再也不肯成长

《狗十三》首映礼那天，半个影视圈都来捧场了，席间有个导演说，二十年前我一定是心疼这个女儿的，可是现在反而更心疼这个爸爸。

他用自己的方式爱女儿，自以为把最好的都给了女儿。

女儿是第一次做女儿，爸爸又何尝不是第一次做爸爸。他想用父亲的权威去镇压她，又尴尬地想竭尽所能讨好她。

这些年我爸爸总是战战兢兢，像一个等待审判的战犯，每当我写完一篇谈教育的文章，他就认真地给我发来一大段读后感，自责当年不懂得如何爱女儿。

而我妈妈则在用最激烈的方式去反抗我的不满，随随便便一件小事就能让我们吵到不可开交，直至歇斯底里。我们互相觉得对方不可理喻，却没有人愿意坐下来就事论事。

我们的关系走过很多弯路，可笑的是我们都以为自己才是对的。

我甚至试过在争吵时用心理学的理论头头是道地剖析她，长篇大论指出她的认知错在哪里，这让她更加愤怒："别想解读我，你不过是学了一点心理学的皮毛，就在这里瞎说八道！"

因为愤怒能掩盖内心的伤痕。

可是有一次我只是无意中说了一句："我能走上这条写作之路，其实都要感谢你从小不厌其烦给我讲故事，领我读诗，带我打开文学大门。"

她突然就掉眼泪了，然后反复问我："你真的是这么认为的吗？我多担心你恨我啊。"

那一刻我突然明白，我给他们的伤害其实比他们给我的要深得多，是我让他们一直活在"糟糕父母"的阴影里。

我在等她的道歉，而她在等我的道谢，如果没有人先开口，也许我们注定无法和解。

童年时他们没能给我们无条件的爱，成年后我们给他们的爱也默默附加上了条件。长大后的李玩也许孝顺懂事，但父女之间注定隔了一条河，谁也无法越过。

她一定也以为自己已经给了父亲最好的爱。

我听过很多父母抱怨子女不知道自己想要的是什么："我不是想要他给我花钱啊，我只想他能多关心一下我，有空陪我聊聊天，不要没事就跟我顶嘴，惹我生气。"

你不知道的是，你的孩子曾经最需要的也不是那些最流行的玩具、最时髦的衣服，而是你能无条件地去爱他、陪他、认可他，不因为他的不优秀而责骂他、羞辱他。

给你花钱是他能做到的最简单的事，恰如当年给他花钱是你能做到的最简单的事。

我很庆幸《狗十三》的上映迟了整整五年，这五年，恰恰是我不断自我修复的五年。

五年前，我断然不会心疼果静林扮演的那个爸爸，可是五年后，我理解了他，比心疼女儿更心疼他，就像心疼我的父母，我心疼他们的那份无力感。

其实，父母们自己又何尝不是原生家庭的牺牲品呢？他们那代人没有学过心理，把原生家庭的一切全盘接收，再转给我们，以为自己已经付出了全部。

我们这一代人自以为什么都懂了，可是又怎样呢？读懂并没有帮助我们和解，反而学会把一切的不幸都归咎给了原生家庭，站在原地再也不肯成长。

我们这代人和父母的关系，比他们和他们父母的关系好像还要更糟。我们明知道人生的上半场留下了太多遗憾，下半场却还是要相互折磨。

可是原生家庭给我们的一定是最坏的东西吗？不是的，当我下意识地去走一条跟他们不一样的路时，它变成了滋养我的土壤，我因此学会了如何去爱，无条件地去爱我的孩子。

我循着来路，把埋在童年里的雷一枚一枚地挖出来，然后领着他，一步一步走下去。

当我拿到这把解码幸福的钥匙时，才真正放下了怨恨。原来我也可以把这份无条件的爱去给予我的父母，他们比当年的我更需要倾听与认可。

如果是五年前看这部电影，我大概只会哭，只会站在原地心疼自己。可是五年后，我懂得了成长并不是一件彻头彻尾的坏事，至少它给了我们力量，让我们的子女不再重蹈覆辙。

我希望有一天，当我的孩子看到这部电影时，会对我说：

"它到底在讲什么，为什么我一点感觉都没有？"

老公关起门来揍孩子，
我该不该插手

网上看了一个妈妈的发帖求助，六岁的儿子很调皮，人闲狗不爱的年龄，经常闯祸，孩子爸爸脾气特别暴躁，经常关起门来给孩子一顿胖揍。听着门里声嘶力竭的哭叫声和求救声，门外面的妈妈十分纠结。

一方面心疼孩子，觉得打孩子不对，可是另一方面又觉得在管孩子这件事上，父母应该站在统一战线，毕竟前人们留下的育儿经验是：要维护父亲权威，一个唱红脸一个唱白脸的配置不可取。

但是最终，她还是没有踏入那道门，只是任自己听着门里孩子那一声声哀号心如刀割。

如果外人打你的孩子，你恐怕早就第一时间上去拼命，可是当这个人换成老公时，为什么你就沉默了呢？

评论里居然还有力挺这个妈妈做得对的，看得我是一脸蒙。他们根本不知道一个被打小孩的心路历程。我小时候每次被我爸打，心里第一反应绝不会是爸爸打我是为了我好，而是妈妈赶紧现身把我救出来啊，然而结果总是事与愿违，不来个混合双打就已经是运气好。

我妈妈很像这个妈妈，也是拼命要维护爸爸在家中的权威，所以每当这时候，我都会非常非常失望。

对于小孩子来说，挨打不仅仅是一种肉体惩罚，更是一种精神折磨，尤其是当打你的人还是自己爸妈的时候，那意味着即便是最亲近的人对你也是不认可的，你的所作所为是要被疏离于父母价值观之外的。

久而久之，这必然会给孩子带来极大的安全感缺失，面对父母时又害怕又难过，因为他们不知道该如何和父母相处，自己的爸爸妈妈究竟是和善有爱的家长，还是残酷暴虐的君王？

在这种情绪影响下，有的孩子会养成自卑懦弱的性格，有的孩子会激发出强烈的叛逆心理，许多父母对此却从来不自知，他们根本不知道问题的根源出在哪里。

美国儿童教育家海姆·吉诺特曾说过：

惩罚不能阻止不良行为，它只能使罪犯在犯罪时变得更加小心，更加巧妙地掩饰罪行，更有技巧而不被察觉。孩子遭受惩罚时，他会暗下决心以后要小心，而不是要诚实和负责。

打骂孩子根本起不到一点教育作用，既让孩子担负着沉重的心理负担，也不利于他们自发地修正错误行为，甚至有些极端的孩子会想办法赶快逃离家庭，逃离父母的管束。

所以打孩子是我最不能接受也不会去做的一种方式。

打孩子被很多父母视作理所应当的特权，当父母形成对这种权力的依赖，那么就如科恩在《无条件养育》中谈到的："一旦权力减弱——而这是迟早的事——你将一无所有。家长越依赖惩罚，就越不能够真正引导孩子的人生。"

正面管教的前提是既不惩罚也不骄纵，它以相互尊重与合作为基础，在和善而坚定的氛围中，培养出孩子的自律、责任感和自己解决问题的能力，打孩子显然不属于正面管教的范畴。

这个世界上，根本没有所谓的父母统一战线问题。

许多育儿经中都会谈到，一方教育孩子时，另一方不要插手，即使有意见也不要当着孩子提，有人称之为统一战线结盟。

事实上，这样维护家长权威的联盟，对孩子的成长绝对是弊大于利。最终结果就是让孩子形成对权威的服从，以及意识到，自己是这个家庭的对立面——我的父母正在处心积虑地联手来对付我。

如果面对孩子出现了教育理念的分歧，双方可以争论，并最终以和平友好的态度协商一致，甚至可以让孩子参与讨论。当孩子犯了错误的时候，可以召开家庭会议，让孩子选择一种在接受范围之内，但又能起到效果的惩罚方式，比如扣零花钱、做家务……

如果一方不分青红皂白地打骂孩子时，另一方视而不见或者表示支持，那么父母在孩子心中的信任感将会大打折扣。所以当另一半虐待孩子时，不要犹豫，坚定地站在孩子这边，保护他，让他知道你是可以信赖的人。

育儿最需要的不是方法论，而是无条件的爱和信任。

从凡·高撕画，谈错位的夸奖

这两天看《凡·高传》，有个小细节引起了我的注意。

凡·高八岁的时候用黏土做了一只小象，引起了父母的注意，他父母齐声鼓掌，连声说："好！太棒了！"凡·高觉得他们太夸张了，愤怒之下，他把小象打得粉碎。还有一次，凡·高画了一只猫，那是他人生中的第一幅素描，但在母亲的夸奖中，这只猫依旧没有逃脱被撕毁的厄运。

对于父母突如其来的夸奖，从小就形成的敏感个性让凡·高不知所措，他觉着这是父母对他的一种讽刺。凡·高说，自己的童年颇为不幸，生活环境的阴郁，父母教育的畸形……种种原因造就了这个天才冷漠、孤独而又矛盾的性格，错位的夸奖也是其中一环。

如今大街小巷的儿歌里都在唱"爱我你就夸夸我"，可是对于现在的孩子来说，他们缺的或许已经不是夸奖，而是有界限的、正确的夸奖姿势。

当从小就渴望被认可被肯定的年轻一代成为父母时，他们把曾被父辈们推崇的棍棒教育扔进垃圾堆，开始全盘接受"赏识教育"法则，甚至不惜矫枉过正，哪怕是对于孩子一些再正常不过的行为，也毫不吝啬地给予赞美。所以在日常生活中，我们经常能听到那些父母对孩子的无条件夸赞，"你是最棒的""你真聪明""你真厉害"……

孩子们很享受这些溢美之词，父母们也对自己的进化津津乐道。

毋庸置疑，父母的鼓励对于一个孩子的成长很重要，它能让孩子们变得更加自信，更加愿意表现自我，但前提是，要掌握一个度。

斯坦福大学著名发展心理学家卡罗尔·德韦克(Carol Dweck)曾和她的团队用了十年的时间，分别对纽约20所学校，400名五年级学生做了追踪实验，研究结果令学术界震惊。

他们发现：

那些被过度表扬的孩子，将维持自己的聪明形象变成了头等大事。他们变得不愿意冒险尝试没有把握的事情，也不愿意承受失败的体验。家长们出于鼓励孩子更上一层楼的表扬和奖励，反而吞噬了他们的自信心和意志力。

所以过度表扬并不是好事，因为那些不分时机、不加选择的夸奖可能让孩子掉进另一个深渊——自私自负，不能承受挫折，甚至变得自卑。

那么怎样才是正确的夸奖姿势呢?

1. 要肯定努力,不要夸奖聪明

在卡罗尔·德韦克的调查中,他们发现那些曾在上一轮实验中被表扬"你很聪明"的孩子,为了保持看起来聪明而躲避出丑,会主动规避遇到的难题,而且一旦遇到挫折就会表现得特别沮丧。那些从一开始被鼓励"你很努力"的孩子,他们更喜欢挑战。

"孩子会认为,成功与否掌握在他们自己手中。反之,夸奖孩子聪明,就等于告诉他们成功不在自己的掌握之中。"

所以别让孩子从小就被"聪明"绑架,多肯定他们的努力,才更有助于推动他们的成长。

2. 要用细节表扬,不要笼统表达

在表扬孩子时,许多家长往往只用一句"你真棒"来概括,可是到底哪里棒呢?大人说不出,孩子不知道,这种表述模糊的语句并不能给孩子带来自信。所以对孩子的表扬一定要明确具体,多用细节表达,少用"好""棒"这样的笼统表达,要做到言之有物,通俗点就是要夸到点上。

比如孩子在画画时,大人可以这样表扬,"你的这幅画色彩搭配得很漂亮,线条变化也很丰富""画画时握笔的姿势很标准"……加上这些细节性的描述比单纯说一句"你画得好棒"要有用得多,孩子能知道哪里做得好，因为什么受到表扬。

3. 要有是非原则，不要无底线表扬

大人在表扬孩子的时候，要有是非原则。有些家长遇到孩子一些不好的行为时，也要尬夸几句，比如和别的小朋友打架，他们说"好勇敢"；孩子闹脾气，他们说"有个性"……这会让小孩子产生一种错觉，以为他们这样做是对的。

还有家长对孩子应该做的事也要夸奖几句，比如饭前洗手、自己吃饭等等，一旦孩子习惯了因那些本应承担的义务而被表扬，那么就会对表扬形成依赖，你不夸我我就不做。

4. 要就事论事，不要相互比较

"这次考得不错，但是与 XX 比还有差距"；

"你比 XX 强多了"；

……

这样的句式许多人都不陌生吧。在表扬孩子的时候，有的家长会有意无意与其他人做比较，希望以此来激励孩子取得更大的进步，但是这样的表扬存在一个弊端，那就是孩子会把重点放在"比较"上。他们会更在意竞争中的胜负，是否超过了别人，而歪曲了自我进步的意义。

小孩子其实需要比成人更多的界限感，要让他们感受到被关注，

但又不要过分被关注，分寸感要拿捏得恰到好处，表扬的尺度也要恰到好处。

下面是我整理的一段美国小学教师表扬孩子的话术，当你忍不住想夸自己的孩子时，不妨从下面的句式开始吧。

1.你很努力啊！

（表扬努力）

2.尽管很难，但你一直没有放弃。

（表扬坚毅）

3.你做事情的态度非常不错。

（表扬态度）

4.你在 _____ 上进步了很多。

（表扬细节）

5.这个方法真有新意。

（表扬创意）

6.你和小伙伴们合作得真棒。

（表扬合作精神）

7.这件事情你负责得很好。

（表扬领导力）

8.你一点都不怕困难，太难得了。

（表扬勇气）

9.你帮 _____ 完成了她的任务，真不错！

（表扬热心）

10. 你把自己的房间 / 书整理得真好！

（表扬责任心和条理性）

11. 我相信你，因为 ____ 。

（表扬信用）

12. 你今天参加活动时表现得很好。

（表扬参与）

13. 你很重视别人的意见，这点做得非常好。

（表扬开放虚心的态度）

14. 真高兴你做出这样的选择。

（表扬选择）

15. 你记得 ____ ! 想得真棒！

（表扬细心）

呵护孩子的爱美心理，
从小培养他们的独立审美能力

一个做幼儿园老师的朋友告诉我，幼儿园里三种小孩最受欢迎：

一种是长得美的，

一种是穿得美的，

一种是长得美，并且穿得美的。

以貌取人这种事儿，在哪儿都一样。

前两天我去美甲店做个护理，冲进来一个带孩子的年轻妈妈：

"快，我们涂个颜色就走。"

店员赶紧把价目单和颜色板呈上。

"不是我做，是她。"妈妈随手把颜色板递给了旁边的女儿。小女孩四五岁大，特别认真地挑选完颜色，然后扭头问妈妈好不好看，稚嫩的小眼神里全是满足。

看着我们好奇的目光，女人倒有些不好意思了，淡淡一笑，指着女儿说："特别爱美，今天我们要去参加个 party，出门的时候非闹着要涂指甲。"

十来分钟后，小女孩的十根小手指已经被涂得花花绿绿，开心极了，蹦蹦跳跳拉着妈妈出了门。带孩子做美甲这件事本身见仁见智，毕竟有健康因素要考虑。不过那一刻，我挺感动的，面对女儿的"臭美"，做妈妈的没有怒喝，没有嘲笑，而是小心翼翼地尊重和呵护。

四五岁，正是对美开始懵懵懂懂探索的时候。我依稀记得我小学一年级暑假，跟着大我几岁的表姐去采夹竹桃花，捣碎了碾成汁涂在指甲上，整只手都涂得红艳艳。可是一回到家，就被我妈教育了一整个晚上——小孩子不能打扮，要把心思放在学习上。她还抓住我的手特别强调了一下："你自己看，你觉得很美吗？难看死了，清水出芙蓉，天然去雕饰！"

直说得我面红耳赤，无地自容，总觉得自己做了很羞耻的事情。

80 后的童年只存在过一种审美，那就是"你妈妈觉得你美"，80 后的成长过程始终都在接受的一种价值观，就是"把心思用在读书上，别跟外面社会上那些女孩儿乱学"。

可是慢慢你会发现，那些从小就爱美、追求美并能从父母身上得到鼓励的孩子，比一直都被父母打压的孩子要自信从容得多。

在许多父母眼里，小孩子对于审美一无所知，大人给他穿什么就是什么。我曾见过一个远房亲戚的孩子，三四岁了，父母图省钱，给他穿打着补丁的开裆裤。有人问，怎么不给孩子买新衣服啊？更有甚者拿过分的话逗孩子："告诉你吧，你妈妈是后妈，要不怎么不给你买新衣服呢？"大人却还在一边满不在乎地说："他这么小的孩子懂什么？"她看不到自己的儿子几乎要哭出声来，被牵着的小手一直都在往后缩。

中国的父母们喜欢揠苗助长，急着让孩子学奥数、学钢琴、学跳舞……恨不能一天24小时都在上兴趣班，却恰恰忽视了对孩子独立审美的培养。幼儿在两到五岁的时候就进入到了审美敏感期，在这个时段理解、尊重、引导孩子的审美尤为重要，这种从童年时期建立起来的审美观直接决定了孩子成年后的性格。

美不是只对成人才重要。

联合国儿童基金会曾在格鲁吉亚首都第比利斯进行了一项实验：他们让一名六岁的小女孩先后穿着漂亮和破烂的两套服饰出入公共场合，然后观察人们会如何对待她，结果发现人们对待小女孩的态度与她的着装有很大关系。虽然纪录片旨在讽刺大人们的外表偏见，但是一个不争的事实是，不论是面对孩子还是大人，大众对于美的认知都是相同的。

比如网上爆红的爸妈带娃和奶奶带娃的同一个小孩的对比图，看到后，除了开始的好笑之外，更如同身受般地感觉那位宝宝的心受到了一百点伤害。

正如前面提到的，在学校里最受欢迎的三种小孩是：长得好看的、穿得好看的以及长得好看还穿得好看的。也许你会说，瞎说，性格好才是最重要的好吗？我想告诉你，获得认同越多的孩子，性格也是最开朗活泼的。

相貌是天生的，但是每一个孩子都有权利穿得美美的。衣着的审美与金钱无关，好的材质、好的设计、好的搭配都会让孩子由内而外发光发亮，也会让孩子在接受别人的认同和赞美的同时，更加自信。

那个被"富养"大的女孩
后来怎样了

前两天（2018 年 11 月中旬），我意外看到了杨丽娟的新闻，她画着淡淡的妆接受媒体采访，重新提起了 11 年前的那段往事。

追星族很多，但是追星追到酿成轰动一时的悲剧，成为"脑残粉"代名词并被世人所熟知的，可能只有杨丽娟一个，她的知名度甚至远远高于很多过气明星。

十六岁那年，杨丽娟开始疯狂迷恋上刘德华，认定刘德华是命中注定的另一半，于是不上学、不工作也不交朋友，一心只为见到刘德华。她甚至偏执地认为自己的行为并不是追星，而是出于真正的爱情。

为了支持女儿的追星行为，父亲杨勤冀几乎变卖了家里所有财产带女儿三次赴港。

杨丽娟在第三次赴港后成功见到了刘德华，并且以粉丝身份与对方聊天合影，对于普通的追星族来说，此行已经无憾。

但是杨丽娟不满于此，她通过媒体施压，要求必须单独跟刘德华见面，杨勤冀甚至公开以死相逼。

这个无理要求被拒后，杨勤冀留下万言控诉书后跳海自杀。

刘德华，你以为你是谁？你很自私、很虚伪，你不敢承认现实和事实，非常可悲。我的孩子杨丽娟为能见你一面，做出惊天动地的牺牲，已付出 13 年的青春代价，走过 13 年血泪之路，几乎把命都搭上了。父母为孩子实现见你这么个小小愿望，已经倾其所有、债台高筑。此时央视等媒体报道已一年，你还没动静，你算人吗？孩子因没见上你，受到的社会压力更大，自尊心严重受到伤害，抬不起头，是致命打击，难道你不心疼和内疚吗？

你不自爱，对杨丽娟不公平，你对她冷漠无情、冤枉她、视而不见，你没人性、没人心、没血性、没起码的道德良知。你姓刘的难道不懂特殊情况特殊对待？见一面又有何妨？难道为了所谓的社会责任要毁掉一个年轻的生命？你有没有社会责任？你见死不救，你究竟是个什么东西？你刘德华不要聪明一时、糊涂一世，把坏事做绝，世上再没像你这样如此狠毒的人了。

如今旧闻被重提，与其说是媒体不放过杨丽娟，不如说是媒体不肯放过刘德华。

刘德华并没有什么对不起杨丽娟的地方，他才是整件事最无辜的受害者，据说这个悲剧给他留下了心理阴影，后来看了很长一段时间的心理医生。

即便时过境迁，他的人生还是无可避免地要跟"杨丽娟"这三个字绑定在一起——她成了他数以百万计的粉丝里最有名的一个。

而杨丽娟是乐于面对媒体的，每隔几年，她都会接受一次采访或者录一次节目，事无巨细地展现自己当下的人生状态。

这些年，按照杨丽娟的讲述，她受邀做过传媒公司职员，也做过义工，但是时间都不是太长，如今是超市的促销员，一天有90～100元的收入，和母亲一起生活，母亲拿微薄的低保。

最新的采访中展现了她在超市做促销的一幕，跟谁推销都是怯生生的，话语也不专业，显然对业务完全不熟练。

但值得欣慰的是，她总算能靠自己的双手在这个世界生存下去。

采访过程中，她一直刻意避开"刘德华"三个字，而用"对方""那个人"来代替。

尽管她努力表现得云淡风轻，但是对于过去发生的一切，她显然远远没有释然。

杨丽娟之所以会坠入追星的深渊无法自拔，和她畸形的家庭有很大的关系。

这一家人的关系几乎可以用糟糕透了来形容。

杨父并不是一个无知的人，他出生在一个知识分子家庭，大学毕业后做了高中语文老师，还是学校唯一的高级教师。

在同事的眼里，他是一个地地道道的老实人，虽然入不敷出经常要借钱度日，但是每借必还，很守信用。

这类典型的老实人在婚姻中并没有什么市场，再加上其貌不扬，他结婚很晚，妻子小自己十几岁。

据周围邻居回忆，杨勤冀和妻子经常大吵大闹，杨妻不止一次跟别的男人走得很近，都被杨勤冀拉回来。

两个人离过婚，后来又住在了一起。杨妻甚至公然对家里的来客说："你帮我介绍个对象吧。万一这老头哪天腿一蹬，我就没饭吃了。"

杨丽娟迷上追星花光家里积蓄后，杨母怂恿杨父去卖肾，说你已经老了，不如把未来交给孩子。

杨父溺水时，杨母就在其旁边，却全无觉察。事后，杨母甚至以贫血、怕晕等理由没有去认尸。

我在之前的文章里讲过，==爸爸和妈妈相爱，是送给孩子最好的礼物。即便是为了孩子，也请尊重你的另一半。==

一个人如果不能得到配偶的尊重，ta 就不能得到孩子的尊重。

所以杨父在家里一直是被嫌弃，没有任何地位的状态，连女儿都能对他呼呼喝喝。

但偏偏杨勤冀老来得女，四十几岁才有了杨丽娟，所以有求必应，宠爱异常，这让女儿更加瞧不起爸爸。

杨妻没有工作，杨勤冀一个人的工资要养活一家三口，母女俩每天的日常除了吃饭就是打扮。

杨勤冀自己连碗一块钱的粥都不舍得喝，却把女儿养成了"贵族"，杨丽娟连刷牙也要用矿泉水。

杨勤冀一心想富养女儿，却误解了富养的真正含义。

十五岁那年，杨丽娟对父亲描述自己的梦，表示梦里有一张刘德华的照片，照片两侧写着：你这样走近我，你与我真情相遇。

如果这个时候，父亲能好好加以引导，也许就不会有后边的悲剧。但是杨勤冀为了讨好女儿，告诉她自己也做了一模一样的梦。

也正是这句话，更加让杨丽娟坚信刘德华是她命中注定的安排。

为了帮女儿达成心愿，他先后带杨丽娟六次进京，三次赴港，卖掉了家里的房子，甚至还打算卖肾。如果女儿需要他去杀人，他大概也会毫不犹豫。

但是即便我们喜欢说人死为大，这样一份父爱也让人丝毫动容不起来。杨父拿自己的生命给刘德华施压，他以为这是自己能给女儿的最后一份礼物。

那份万言书，满纸都是愤怒的控诉和毫不讲理的道德绑架，他不惜一切代价也要成全孩子。

爱孩子和溺爱孩子最大的区别就是前者爱其子则为之计深远，而后者只看到孩子的眼前。要什么给什么，从不去想未来。

在溺爱中长大的孩子，人生非常容易失控，因为他们习惯了依赖，却从来没有人为他们真正掌过舵。

面对诱惑，他们不懂得说"不"。他们没有学会甄别什么是对什么是错，如何对自己的人生负责。

迷恋追星的孩子有一大部分都出自这样的家庭，一方面，他们被无限放纵不加节制，导致了后来的沉迷。

而另一个更重要的原因是他们瞧不起自己的父母。

孩子人生中第一个导师和榜样就是自己的爸爸和妈妈，但是当父母表现得软弱无能，对孩子百依百顺时，他们就无法在这个家中立威立德立信，让孩子信服、崇拜、模仿和学习。

杨勤冀从没有指导过杨丽娟的人生，也没有给她建立起人生的标杆。他只是无条件满足她所有的需求，在女儿的心中，父亲又老又没用。

当孩子在家庭中找不到可以对照的模板时，他就会转而去寻找虚无缥缈的偶像。

追星本身未必是坏事，几乎所有孩子的童年都有过喜欢的偶像，当父母已经不能满足他们对这个世界的好奇与渴望时，就会选择从偶像那里获得新的力量去成长。

比如张艺兴儿时的偶像是林俊杰，后者激励着他走上了音乐这条道路。如果喜欢某个偶像能让你变成更好的自己，那么就是有意义的。

理性的追星就是把偶像看作一面镜子，对着这面镜子去整理自己的衣冠。

但是沉迷追星就不同了，这类孩子在现实生活中很难找到自我，而父母又从来不加以引导，甚至像杨勤冀夫妇一样纵容鼓励。

所以他们很容易把明星当作自己生命中唯一的精神寄托，而当他们长大后，如果在社会上依然没有建立起独立的人格，获得对人生的掌控力，就会在追星这条路上越陷越深。

他们往往缺乏同理心，不懂得去爱身边的人，也不太在乎周围人的感受，却把千里之外的明星当作生命中最重要的人。

他们无法给予自己安全感，爱与力量，所以要从幻想中去获得。

追星对他们来说，就是一剂精神鸦片，让他们可以活在幻想中，逃避现实中所有的艰难。

把追星当作生命全部的人，都是从来没有长大过的小孩。

杨丽娟今时今日的言谈，仍旧是一个巨婴，谈到工作，她不情不愿："我要自己亲自去上班打工。"

谈到刘德华，她反复强调对方有不可推卸的责任。

她至今也并没有真正反思过，什么才是悲剧的根源。

可是她的故事，值得每一个家庭去深深反思。

为什么越乖的孩子，
路走得越艰难

我写过的一篇谈十八岁的文章——《"嗨，18岁""滚"》中，提到了一句叛逆是人生的必经阶段，乖乖女的人生更加坎坷。

后台有个留言很不爽，她说：

你有什么资格说乖乖女以后的路才是真正的坎坷，你既然不是，就没有评说的资格。

我倒是能理解她的心理：你就别吃不到葡萄说葡萄酸了，自己不乖就否定别人。毕竟，大部分国人都想把孩子培养成乖乖女、乖乖仔。

细思极恐。

如果乖的层面只停留在得体、有教养，尊重他人，那么乖孩子的确是完美的范本，教育的目标。不过可惜，更多父母对乖孩子的标准是安静、顺从甚至对自己言听计从，从不给自己添麻烦。

　　这类孩子最大的"优点"就是"省心"，不顶嘴不抬杠，家长会绝不担心被老师留下，找大学、挑专业、选工作全听你安排，甚至嫁人都是你亲自把关过的。你摇头的事，他们绝不敢提第二次。

　　我说这类孩子今后的人生可能才会真的坎坷，绝不是偏见，更不是诅咒，而是单纯的心疼。这一年我接触了十几个不幸福的女读者，她们来找我倾诉，开场白总是惊人的相似：

　　"从小到大，我就是那种典型的乖乖女。"

　　人一生会有两次逆反期，一次是幼儿期逆反，一次是青春期逆反（六岁左右，还会有个中间反抗期）。两个反抗期的儿童都出现成长和发展的超前意识，第一反抗期的儿童具有"长大感"，第二反抗期的儿童具有"成人感"。

　　一次是身体上觉得自己长大了，一次是心理上觉得自己独立了。第一次反抗让孩子学会掌控自己的身体，第二次反抗让孩子拥有独立的人格和思维能力。

　　逆反期的孩子，可能会做出很多"出格"的事情，包括很多从前很"乖"的孩子。你需要的不是否定孩子的逆反，而是聚焦逆反期出现的不良行为，加以纠正引导。有些家长不能正视逆反现象，毫不掩饰地表达失望："你以前很乖的，现在怎么变成了这个样子？"这才是对孩子最大的伤害。

　　逆反期不是洪水猛兽，而是成长的必经阶段。

　　孩子叛逆是因为他们想要成为大人，想要证明自己，追求和大人

==一样的平等、独立和被重视。只有经历过迷茫、冲动、挣扎和反抗，才能成长。==

再回首，我们甚至会讨厌那个时期的自己，没钱又没脑，空有一腔热血，但是正是曾经的那个"我"，成全了今天的这个"我"。

叛逆是茧，破茧才能成蝶。一个孩子跳过了叛逆的阶段，就失去了真正成长成熟的机会，早熟的人最晚熟。

乖孩子的养成大概分两类，第一类是被强行纠正的。当孩子想要一件在父母看来不应该得到的东西时，多少父母是用暴力解决问题的？不服气，一巴掌抽过去。还不改？再来一巴掌，这是最传统的中国式教子。棍棒底下出的不是孝子，是顺子。恭喜你，成功培养出了"乖孩子"。

蒙台梭利女士就曾经专门写过文章：

如果孩子们给你的回应是愤怒，反抗，结果反而更好一些，至少表示他们已经具备了自我保护的能力，今后的发展也许就会很正常。可如果他们以改变性格或非正常的方式来回应，就可能是受到了比较严重的创伤。

这类孩子长大后往往畏惧权威，胆小怕事，缺少反抗能力，习惯性取悦讨好别人，心理承受能力很弱。

《芳华》里的何小萍就是典型，她在家被欺负，到了部队被排挤，但是不敢发声，不敢反抗。顺从了二十多年，后来突然被树成了英雄，精神世界一下子崩塌了。

第二类是从小被忽视的。这样的孩子天生安静、迟缓、守纪律，喜欢默默地待在角落，不擅长表达自己的内心。他们是家长和老师最容易建立良好互动关系的对象，但他们的感情需求却最容易被忽视，导致孩子的内心冲突得不到关注与解决，更容易导致心理问题的出现。

可是偏偏对这些"省心"的孩子，老师家长却浑然不觉，甚至以此为傲。

上海冰箱藏尸案轰动一时，朱晓东将妻子杀死，残忍地将其分尸并藏匿于冰箱中超过三个月。被害的女主角就是这样一个乖乖女，安静温顺，没和谁大声说过话，也没和谁红过脸。受了委屈时，就自己躲起来，偷偷哭。

凶手朱晓东是个不折不扣的人渣，花心、冷漠、无情，没有正式工作，但是长得帅，会玩音乐，养冷血动物。这样的人设看上去是不是特别眼熟？没错，这不就是最受青春期女孩欢迎的那类男生吗？十五六岁的少女，心中总有些古惑仔情结。

这类男人踏入社会后并不会太受欢迎，因为我们有了更成熟的择偶观，男人的责任感是比皮囊重要得多的东西。但是女主角的爱情观显然仍停留在小女孩时期，因为她从来没有真正长大过，她内心对独立和自由的向往被严重压抑了，所以这样的坏男人才会对她有着致命的吸引力。

看这个新闻的时候，我特别难过，多漂亮的女孩啊，工作也出色，曾经是学校里的优秀老师，原本应该有大好前程，她的父母大概就是对女儿太放心了，才不会从女儿的神态里捕捉到她婚姻不幸的蛛丝马迹，才不会三个月之久未见女儿仍没有警觉。

不怕孩子调皮叛逆，就怕他太乖。教育绝不能够"会叫的孩子有奶吃"，越乖的孩子越不容忽视。我很乖，不代表我不需要被爱。每一个乖孩子的内心，都有一个被困住的灵魂，等待你去解救。

如何正确处理
孩子的撒谎问题

何洁发飙的消息一大早就上了微博热门，点开一看，是为了一篇文章。文章中指责七宝习惯性撒谎，而何洁还帮他找借口。

起因是何洁带孩子七宝参加《不可思议的妈妈 2》，节目组安排了环节测试小孩子的防备意识。尽管何洁一再叮嘱七宝不要给陌生人开门，但是她前脚刚走，七宝就给陌生阿姨开了门。

事后，七宝因为害怕被责备没有承认，何洁为了不让孩子太过自责，也没有当场揭穿。

有人就此写文章解读：七宝习惯性撒谎，是因为何洁的教育方式出了问题。

人家小孩就节目里说了一句谎，你没有调查没有发言权，怎么就能总结出一句"习惯性撒谎"？

况且，几乎所有当妈的都有一种强烈的护犊子本能——"攻击我行，攻击我儿子不行"。

我还是蛮能理解何洁的，毕竟一个单亲妈妈独立带俩娃真的很难，而且她性格又要强，样样追求完美，生怕一点做得不好被人说。所以"习惯性撒谎"这样的定论等于在否定何洁的付出，是她万万不能忍受的。

但是，我觉得她也不用太过激动和愤怒，甚至压根就不用向大众解释。如果一个十几岁的孩子撒谎成性，那是品性和教育出了问题。而一个四岁的小孩撒谎，是再正常不过的一件事。

区别就在于，十几岁的小孩有了道德观和区别对错的能力，而四岁的小孩是几乎没有的。

我看了那段视频，觉得七宝还挺可爱的，他的反应，绝对是一个四岁小孩最正常不过的反应：面对诱惑没有多少定力，出了问题撒谎逃避。完全上升不到家庭教育的批判问题。

1989年新泽西医科大学做了一次实验，把一些三岁左右的孩子留在装有摄像头的房间。告诉孩子桌上有一个"惊喜玩具"，要求他们不可以偷看。研究者离开房间后，90%的孩子都偷看了。但是面对询问时，几乎所有孩子都撒谎说没有偷看。

如果一个小孩从来没撒过谎，那你倒要留意一下了，只有两种情况：1.你太盲目自信，被一个小孩子骗到了。2.他的想象力不够。当然，我可以斩钉截铁地告诉你，99%是第一种情况。

美国两位心理学家经过长期观察发现，25% 的孩子两岁已经会撒谎，半数的孩子三岁会撒谎，而四岁孩子撒谎的比例高达 90%。撒谎，有时就是一种无意识下的应激反应。

有的父母，看到孩子撒谎就怒不可遏，气冲冲地要去找罪魁祸首：谁教你的？你以前从来不会撒谎！！！

别逗了，好像你自己就从来没撒过谎一样。撒谎是人的天性，无师自通的。当发现孩子第一次撒谎时，你不应该惊慌，该高兴才对，这是他在成长。

大圣两岁多了还没完全摘掉尿不湿，前一秒问他尿不尿，还斩钉截铁地说不尿不尿，转眼就尿一裤子，还冲你一脸坏笑。有时候，明明是昨天吃的玉米，他却说"我们今天吃玉米了"。

这个时候的撒谎，是无意识的，只是觉得好玩，对时间和身体的感知还不够强，大部分情况下根本都不知道自己在撒谎。

三四岁的小孩，有了自我意识后，撒谎就带了防御性。就像七宝，出于本能会否定有阿姨来过的情况，这是一种自我保护。

对于这种情况，真的不要上纲上线到孩子的品性问题，他只是"犯了大多数小孩都会犯的错"而已。

温柔地指出事实，反思错误，告诉他下次应该怎么做。何洁平时对孩子严厉不严厉，关上门谁也不知道，但至少她在节目里的表现处理挺好的，没有什么问题。

遇到严重的错误，可以考虑一点惩罚，惩罚程度一定要控制在孩子能接受的范围内。让他意识到自己做了错事，需要为此付出代价，承担责任即可。

不要觉得孩子撒了谎，狠狠打一次就能解决问题，他们不会意识到撒谎是错误的，只会认为：是自己撒谎的技能和水平还不够。他们不会想下一次再也不要撒谎了，而会想，这个谎怎么编得再成功一点，让你发现不了。

面对撒谎的孩子，最忌讳的做法就是暗示他说出真相就没事儿了，连哄带骗诱导他们承认错误后，一转眼就翻脸，棍棒相加。

如果一个孩子在长大后还习惯性用撒谎来掩盖自己犯的错误，唯一的原因就是他的家长太过严格。或者，他们吃到了撒谎的甜头。

五六岁的孩子撒的谎比较有趣，因为他们开始插上了想象的翅膀，会把真实经历与看过的动画片、童话故事结合：老师被怪物抓走啦，我今天见到了白雪公主……

不要犯愁自己怎么生了个谎话精，这是天大的好事才对。帮孩子区分想象与现实，但别扼杀他们的想象力。

你可以鼓励他们把故事讲出来：白雪公主是什么样子的？她的头发什么颜色……这是锻炼孩子未来写作能力的绝佳机会。千万别小瞧一个"吹牛不打草稿"的小孩，没准他就是下一个安徒生。

再大一些的孩子，开始有了自己的秘密，他们不是什么都想与大人分享，为了躲过盘问，有时也会选择撒谎，比如明明和小伙伴吵架了，却推说是小伙伴今天没来上课。躲在屋里自慰，被撞破了打死都不可能承认。

只要不是大是大非的问题，大人最好看破别说破，婉转地帮孩子解决问题，呵护孩子的自尊。

想让孩子诚实靠谱，最重要的不是言传，而是身教。父母自己撒谎一套一套的，怎么教孩子诚实？

我一直秉承一个原则，不轻易对孩子承诺，但是答应了一定要做到。有一次我提出他乖乖回家后奖励他吃一个烤地瓜，不巧家门口超市的烤地瓜卖完了，后来我们又走了三条街，终于买到了。

大圣还小，吃不吃到这块烤地瓜根本不重要，但是我希望他知道，我们对他的每一句承诺都会兑现。只有这样，我才能让他在成长过程中，选择相信自己的父母而不是撒谎。

别不把孩子的撒谎当回事，但也别太把孩子的撒谎当回事。孩子处心积虑跟我们玩的那一套小心思，还不是我们小时候跟父母玩剩下的吗？焦虑啥，多给点耐心，慢慢都会好的。

你给孩子足够的爱与信任，他会还你更多。

儿子亲了班上的女同学，怎么办

朋友送了孩子上幼儿园不到半年，烦恼不断。

先是被家庭作业折磨得脑细胞接近枯竭，对，你没看错，我也很好奇幼儿园小朋友能有什么作业。她苦着一张脸说，英语作业、手工作业，有时候还要做PPT……

然后是家长群里复杂的宫斗戏天天都在上演，每天都在挣扎是坚持自我还是去跟风刷一波存在感。

当然，这些统统比不上前几天女儿回家说的一句话："王狗蛋昨天吃午饭的时候亲了我。"

简直平地一声惊雷。要不是旁边有人拦着，我看她就差抄家伙找王家人拼命了："你说，他们会不会教育孩子？熊孩子都是熊家长惯的！我看这孩子从小就是个流氓胚子……"

　　我说你先平静一下，淡定淡定……

　　我想起了之前在网上看过的一段微信聊天记录，跟她的情况挺像，也是两个幼儿园小朋友的妈妈因为孩子之间的亲亲吵得不可开交。女孩一方妈妈怒不可遏，男孩一方妈妈认为对方太小题大做了，最后闹到人身攻击、互撂狠话的地步，同窗的小船瞬间倾覆。

　　网友也分化为两个阵营，支持小男孩妈妈的认为小女孩的妈妈过于敏感，小孩子的性意识还很朦胧，亲一下只是表示自己喜欢和对方一起玩而已，没必要这么大动干戈。支持小女孩妈妈的认为小女孩的妈妈这样做是很有必要的，不应该让小女生随便被亲。

　　反正看网友们的态度，基本就能猜出他们生的是男孩还是女孩。

　　幼儿园阶段的孩子天性率真，性别意识还很模糊，这些亲密动作不过是一种简单直接的情感表达方式，单纯是出于喜欢和善意，不涉及道德层面。但是一旦夹杂着成人的刻意夸大，这些行为就变味了。

　　男孩家长的观念里，亲一下抱一下不用太当回事，他们不是心大，而是潜意识里缺少对女孩的尊重，反正"男孩子总不会吃亏"。

　　女孩家长眼中，所有的男孩子都是小流氓，生怕自己家的女孩被欺负。得益于这些年反性骚扰教育的"成果"，女孩家长们变得过度谨慎，一旦发现蛛丝马迹，就自然代入到敏感的性问题层面上。

　　在第五季《爸爸去哪儿》中，杜江和刘畊宏也遇到过同样的状况。

　　嗯哼偷偷地亲了一下小泡芙，一时没反应过来的杜江赶紧制止教育，还耐心地和小泡芙解释，问小泡芙有没有生气。

刘畊宏在得知女儿被亲后，也并未责怪，只是很认真地告诉泡芙：如果很多人都很喜欢你，都要亲你，这样爸爸会很吃醋也会很担心，如果有人想要亲你，你就告诉他，亲你需要经过爸爸的同意。

面对孩子之间友爱的互动，两位父亲的教育方式是值得借鉴的。

首先，不必过度紧张，放大孩子的焦虑情绪。这个年龄段孩子的拥抱亲吻都是自然的偶发行为，没有恶意，只是为了表示喜欢，没必要上纲上线，但也绝不意味着可以放任不管。

有的父母觉得很萌很好玩，发现后不是制止而是第一时间拍视频传朋友圈，这会给孩子造成一种被大人认可和鼓励的错觉，久而久之，会淡化他们的性别意识，给孩子的心理发育造成不良影响，而且也会给不法分子以可乘之机。

其次，在纠正的过程中，父母不能用特别强硬粗暴的态度责骂孩子，甚至说一些难听的话，人为地对孩子进行性别隔离。这只会使孩子心理上承担巨大的压力，对异性产生自然排斥，或者激发孩子的逆反心理，变本加厉。

最后，家长要做正确的引导，用孩子能够听得懂的语言进行交流沟通，给他们灌输正确的性别观念，让他们意识到哪些事可以做，哪些事不能做。

说实话，我看了那个视频第一个反应就是杜江这一家平时应该挺有爱的，比较喜欢用亲亲的方式表达感情。

我们家其实也有这种现象，真的是看见大圣那张可爱的小脸蛋，怎么亲都亲不够，大圣也喜欢用亲脸蛋来表达他的爱。每次哄他睡觉，我假装睡着的时候他都会跑来悄悄亲我一下。

但是必须要告诉孩子，这只能是家人表达感情的方式，不能随便亲别人，特别是别的女孩，要学会礼貌和尊重，同时对陌生人的亲吻和触摸要勇敢拒绝。随着孩子慢慢长大，可以用拥抱、击掌等方式，慢慢取代亲脸蛋。

对家长来说，小孩子的性启蒙是一个不可回避的问题，这个过程并不是一蹴而就的，需要结合孩子的年龄和认知缓慢进行。

养育男孩比女孩需要更费心费力，家家都有本难念的经。

我们家最近虽然没有亲小女孩的烦恼，但是比较尴尬的是，大圣自从看了绘本《小鸡鸡的故事》后，上厕所的时候坚决不让任何人碰小鸡鸡，哪怕是尿裤子也不妥协。

然后见到人就问："妈妈他有鸡鸡吗？"有一次甚至直接问另一个女孩："你有鸡鸡吗？"我妈特别火大："你看你把儿子教成了一个小流氓。"我说这哪儿跟哪儿啊。他第一是好奇，第二是好玩。他有权利了解自己的身体。

我们就反复给他讲男孩和女孩的区别，告诉他任何问题都可以回家问爸爸妈妈，但是问别人就是不礼貌的行为。也就一周吧，他大概了解了人体的结构，这个游戏也就不再好玩了，问题自然也就解决了。

真的，没那么复杂，千万别着急给男孩子扣上"小流氓"的帽子。

第三章

亲子关系跟随、影响孩子一生

家庭生活对孩子的影响是很难磨灭的，良好的亲子关系极大地影响着孩子的未来。

不被父母认可的孩子，
无法保持昂首挺胸的姿态

1. 吴绮莉和吴卓林这对悲情母女

　　成龙女儿吴卓林又一次上了头条，媒体报道称，"小龙女"已辍学再度离家出走，和外国友人同住，并被目击经常和朋友喝酒抽烟。她的母亲吴绮莉无奈表示：卓林马上满十八岁，不可以管她太多，但一直有联系。至于退学，吴绮莉称"小龙女"正在教小朋友普通话，"主动工作比做温室花朵好"。

　　一个在缺乏爱和关怀的环境中长大的孩子，却从小就要生活在聚光灯下，原生家庭的标签就像一顶重重的帽子，始终未从"小龙女"的头上摘下。事实上，吴卓林的坎坷经历从她的母亲吴绮莉开始，就已经早早埋下伏笔。

媒体一直没有放过吴绮莉和吴卓林这对悲情母女，吴绮莉的负面新闻一天也没断过。藏毒、嗑药、虐女、放纵女儿饮酒……人们太急于想知道，这十八年来她的身上到底发生了什么，为什么把一副好牌活生生打成了今天面目全非的模样。

爱上有妇之夫，赌气生下孩子，大概是这个美丽的选美冠军悲剧人生的关键节点，可是如果你了解吴绮莉的成长经历就会发现，悲剧的伏笔早在一开始就埋下了。

2. 那近乎侮辱式的家庭教育

对吴绮莉一生影响最重要的人不是成龙，而是她的妈妈郑黎明。

郑黎明并不爱自己当时的老公、吴绮莉的生父，两个人因为家族关系而结合，生下女儿还不到一年就离了婚。郑黎明恨前夫，恨婚姻，甚至恨所有的男人，她多次对女儿说："还好你是女孩，你要是个男孩，我是不会要你的。"

吴绮莉的内心是深深渴望父爱的，她曾万里寻父，可惜无疾而终。

从小到大，吴绮莉一直活在母亲近乎侮辱式的家庭教育中，郑黎明经常对她说的一句话就是："你做鸡都没人要。"吴绮莉也曾遇到过适合结婚的对象，可是却被母亲搅黄了。母亲对她周围的每个人说："千万不要叫吴绮莉结婚，甚至不要提'结婚'两个字。"

吴绮莉产女后没有了生活来源，要靠郑黎明的补给，郑黎明每次都把钱当着吴卓林的面扔在地上，让吴绮莉跪着一张一张地捡。

生在这样的家庭，即便成龙不出现，也会有张龙、王龙、李龙……有一篇报道揭秘了吴绮莉和成龙当时的恋爱状态，也解释了这个漂亮的女孩为什么在事业和颜值的最巅峰，心甘情愿地卷入一个已婚男人的家庭，还为他生下一个孩子。

报道说，成龙曾经非常宠爱吴绮莉，吃饭时吴绮莉不到场，谁也不许动筷子，吴绮莉每次发脾气，只要一个电话成龙一定准时到场。吴绮莉谈过很多男朋友，没有一个男朋友对她这么细心体贴。这个比她大了近十岁的男人给她的，不只是片刻的温存，还有缺失的父爱。

所以明知道这样的爱情根本不靠谱，铁汉柔情不过是骗炮的粉饰，吴绮莉还是选择了飞蛾扑火。就像我之前提到遇害留学生毕习习的文章里写过的，受虐倾向的背后，是一个人安全感的极度缺乏。对于吴绮莉而言，父亲的缺席，母亲的严苛，造成了她一生缺爱。她太渴望有个孔武有力的人来保护自己、爱自己了，何况这个人还是叱咤影坛的大哥成龙。

我想起了苏童的小说《妇女生活》，同样是祖孙三代，命运何其相似。小明星娴被孟老板抛弃，因害怕流产的疼痛生下了女儿芝，于是她把一生不得志的怨恨全部发泄到了芝身上。芝为了摆脱母亲的控制，匆匆步入了婚姻之后，才发现自己根本无法掌控幸福：丈夫卧轨自杀，养女萧恨透了这个阴郁的家庭。然而萧选择自我救赎的方式却与母亲惊人的相似——嫁人，但嫁人，只是她悲剧人生的又一个开始。

3. 不相信自己还可以重新站起来

私生女事件并不是吴绮莉的人生跌到谷底的真正原因。在娱乐圈，未婚生子并不是太稀奇的事，单亲妈妈更是一把一把抓。台湾老牌励志女神张艾嘉的情路也颇为坎坷，当年顶住流言蜚语生下儿子轰动一时，全台湾的人都在猜究竟谁是孩子的爸爸。可是张艾嘉一路走来，拍电影、出唱片、写字、做导演，一样都没有耽误。

吴绮莉的人生也曾有机会推倒重来，她接了 TVB 的合约，在2012 年的重头戏《雷霆扫毒》中扮演女二号，对戏的是三哥苗侨伟，可是她搞砸了。我看过那部剧，1973 年出生的吴绮莉芳华不再，脸像灌了发酵粉，看上去比 1958 年出生的苗侨伟还要显老。

据说整个拍戏过程吴绮莉都像在做梦，不背剧本，不记得对白。苗和她演对手戏，她第一句已经接不住。三哥叫她坐一边看熟稿后再对，没想到吴绮莉就躲在一边打电话，连累剧组无法收工，大家怨声载道，吴绮莉也彻底失去了重启第二春的机会。

吴绮莉走到今天这一步是自己作死的结果。可是追根溯源，还是与母亲给她的教育有关。

如果你想摧毁一个人，就先去摧毁他的自尊。当郑黎明骂女儿做鸡都没人要，逼着她跪下捡钱时，吴绮莉的自尊早就已经被碾压得粉碎。那些被父母长期否定、压制的孩子，往往都容易陷入习得性无助，再也不愿相信自己还可以重新站起来。

4. 这样的女孩远不止吴绮莉一个

这样的女孩远不止吴绮莉一个。她们没有独立寻找幸福的能力，只能在别人身上寻求精神的寄托。那些给予过她们哪怕一点温暖的人，都是她们的精神吗啡。

我曾遇到过一个女孩来咨询，她明知道男友只是利用自己，把自己当作提款机，却还是任其招之即来挥之即去，对方后来劈腿搂着新欢，女孩在医院一个人打胎流泪。

本来，如果只是个普通的失恋，倒也好办，谁的人生还不遇上几个渣男呢？重新上路就好。可是这个姑娘的状态不对，她一直自责，一直折磨自己。后来我引导她缓缓说出了自己的家庭情况：

她生在一个极度重男轻女的家庭，在父母那里得不到一点爱，奶奶曾经指着她的鼻子骂："你就是个赔钱货。"她年纪轻轻就出来做事，拼命挣钱，努力对家人好，赚的钱贴补弟弟，只为了获得来自家人的哪怕一丝丝认可。

男朋友曾经是出现在她生命里的唯一一抹亮色，至少她是这么认为的。如今他走了，她的人生重新回到了暗淡和绝望。

她说，我发现如果不接纳任何人我就不会受伤，所以他走了也好，这样我就回到了最初。

就像王菲在《暗涌》里唱的：

害怕悲剧重演我的命中，命中

越美丽的东西我越不可碰

5. 亲子关系是影响自尊的第一要素

亲子关系是影响自尊的第一要素，那些在父母面前抬不起头的孩子，很难在人群中保持昂首挺胸的姿态，随便一点小事都能够摧毁掉他们全部的人生信仰。

我认识个天生丽质的女孩，真的很漂亮，但是女孩一张口，总要说自己丑。开始我以为她是谦虚，后来发现不是，她是真的没有一点自信。因为从小父母给她的教育就是否定的，妈妈经常对她说的一句话就是"你也不撒泡尿照照自己的模样"。长大后，这个女孩常常觉得自己没用，谈过三次恋爱，都是对方追求自己，最后全是"被分手"，每一次分手她都苦苦哀求对方不要走。

郑黎明虽然已不在人世，但她加在吴绮莉头上的魔咒却一直都在。

解锁的钥匙就在吴绮莉自己手里，可是一个人被控制了三十几年，走出来又谈何容易？在泰国，拴住一只成年大象，只需要一根小小的细绳就够了。听上去特别不可思议吧？哪怕是个有点力气的成年人，都可以轻松将绳索挣断。然而这些大象是从幼年时期就被拴住了，它们挣不脱，跑不掉，最后就变成了习惯。久而久之，它们就被这根细绳牢牢拴住了。

一个精神长期被控制的孩子，就像这些被拴住的象，慢慢丧失掉了反抗的能力。他们卑微、压抑、麻木、懦弱，内心却填满了对世界的不满与愤恨。他们一旦做了父母，要么极其溺爱自己的孩子，过度补偿曾经的自己，要么重新走上父辈母辈的老路，把子女逼上绝路。

吴绮莉对吴卓林，就是两者的结合，她矛盾得像一个精神分裂者：时而打骂侮辱女儿，时而又和吴卓林上演甜蜜母女情。她努力给她提供最好的物质，却也给她最深的伤害。

如今的吴绮莉没有老公，没有母亲，也没有可以依靠的事业。女儿就是她的唯一，是她最后一根精神稻草。她像一个快要溺死的人，牢牢地抓住这根草不放，哪怕是一起滑入更深的深渊。这类父母打着为子女好的名义，却并不愿意孩子真的逃脱宿命的圈囿，找到属于自己的幸福。

6. 学会和扭曲的爱说再见

父母都是爱孩子的，是天底下最大的一句谎言。有些父母不懂得怎样爱孩子，有些父母压根就不爱孩子。他们跟自己过不去，也跟自己的骨肉过不去。

《金锁记》里的曹七巧，残忍、扭曲，欲爱不能，自己一生不幸福，于是也破坏儿子和女儿的婚姻。三十年里，她戴着黄金的枷。她用那沉重的枷角劈杀了几个人，没死的也送了半条命。

更可怕的是，中国几千年来的传统观念，根本就不容许子女去质疑这样一份扭曲的爱，出了问题，只能够去反省自己：无论父母打我、骂我还是羞辱我，出发点一定都是为了我好。如果被厌弃，一定是因为我哪里做得不够好。

吴绮莉的一生就活在和母亲这样的相爱相杀里，她恨母亲带给自己的痛苦，却仍旧不敢怀疑母亲对自己的爱，于是只好陷入深深的自我怀疑和自我否定中，不自觉地把自己变成了另一个母亲。

学会和这样的"爱"说再见，才是解开绳索的第一步。告诉自己，不要再做那只被拴住的大象，你没有错，错的是你的父母。他们不应该把你带到这个世界上，可是这个错不应该由你来承担。甩开原生家庭的阴影，你值得更好的人生。

对于四十四岁的吴绮莉来说如此，对于十八岁的吴卓林来说犹如此。"小龙女"三个字是她的耻辱，也是她一生奋力撕扯不掉的标签。摆在她面前的路，势必比母亲曾经走过的路，还要艰难。

我心疼曾经的吴绮莉，更心疼如今的吴卓林。多么想对她说：姑娘，你走吧，朝着有太阳的地方走，永远别再回头。

记住，绳在你的心中。

一个震慑灵魂的考问：
子女真的没法选择父母吗

《小偷家族》是 2018 年里我最喜欢的一部电影。

没有炫技，也没有刻意的煽情，甚至，你能看到导演是枝裕和的克制，所有的情绪都是点到即止，处处皆是留白。

就像一条宁静流淌的河，不疾不徐，就这么流进你的心里。

柴田一家，是日本社会底层中的底层，五口人，加上后来捡回来的小女孩玲玲，挤在一间破烂的平房里。很难相信，繁华如东京，竟然还藏着这样一个肮脏、破败、被遗忘的角落。

表面上，柴田治是工地的临时工，信代是洗衣店女工，亚纪跑去做了应召，奶奶靠养老金活着。可是这点微薄的收入根本不足以维系最基本的生活，所以一家人真正的"职业"其实是偷东西。

小到柴、米、油、盐、泡面，大到鱼竿、手袋，都是靠偷。支撑一家人活下去的唯一信念就是对彼此的爱。

可是就连这份爱，也是偷来的。

柴田不过是个假姓，他们互相之间，没有任何的血缘关系。大概是为了表明和过去一刀两断，一家人在走到一起后，都换掉了曾经的名字。

奶奶是被信代收留的弃妇，亚纪是被奶奶收留的弃女。

祥太是被信代夫妇捡（偷）回来的孩子，玲玲也是。

而柴田治和信代，也并不是真正意义上的夫妇。信代长期遭受家暴，柴田治和她一起杀死了当时的老公。

信代生不出孩子，可她偏偏深爱着孩子。这对夫妇的逻辑很简单，那些不爱孩子的人，根本就没有资格做父母，你不爱，我来替你爱。

日本小说家伊坂幸太郎说："一想到为人父母居然不用经过考试，就觉得真是太可怕了。"

这句话被人提及了太多遍，早已不再新鲜。可是看《小偷家族》，我从未如此深刻地感受到这句话的意义。

祥太的父母不知道是有意还是无意，把他丢在了封闭的汽车里。

亚纪的爸爸找了新的妻子，变相把她遗弃在毫无血缘关系的奶奶那里，没有问过一次。

玲玲的父母整日吵架，父亲家暴母亲，母亲再将愤怒发泄到女儿身上。

就是这样一群被社会、被亲人遗忘的边缘人，好像一堆无人问津的垃圾，凌乱地堆在路边。他们把彼此从地狱捡回人间，然后抱团取暖。

人生实苦，但是从这家人身上，你能感受到人间残存的一点温度。

这温度不算炙热浓烈，更像幽深的洞穴被人凿开了一道缝隙，刚好能让光进来。

信代夫妇原本是要把玲玲送回去的，可是走到门口，听见了她父母传来的争执声，她明白这个孩子在这个家面对的是怎样的处境，只那一刻，两个人的眼神就坚定了，他们要把孩子带回去，给她新生。

信代和玲玲在浴室交换彼此的伤口，信代由着玲玲去触碰那道伤疤，把她的心敞开，就在那一刻，她们走进了彼此的心。

她抱着玲玲在门口看烟花，告诉她，大人说喜欢你才会打你，这是假的。真正喜欢你会这样，抱着你。

她把她抱得那么紧，唯恐她跑掉。

治和祥太的父子情，是影片中另一个温暖的所在。

治也许不是个传统意义上的好爸爸，任何一个三观没问题的人，都不能苟同他教儿子偷东西，不送他读书的行为。

可是他把能给的爱，全给了他。他陪着祥太堆雪人，为他开解心结。在海边，他敏感地捕捉到了儿子青春期的来临，他开玩笑地告诉他，男人都喜欢咪咪，勃起不是病，你健康得很呢。

他比很多父亲做得都好。

警察质问他为什么带祥太偷东西，他喃喃自语，我没有什么可教他的了。

祥太被抓后，柴田一家不得不仓皇逃跑。重新面对祥太后，他们交换了彼此的秘密。

治难过地说，爸爸我，要变成你的叔叔了。

祥太坐上大巴，遥遥地望着治追车的影子，嘴巴张了张，他听到了自己内心那一声爸爸。

在是枝裕和的电影中，你能感到一种温暖的疏离感，和疏离的温暖感。

影片借信代之口，提出了一个非常重要的质疑：

难道生下孩子，你就成了一个母亲吗？为什么，我们不能自己去选择父母？

我又想起那个被精神病妈妈勒死的三岁小男孩。

小男孩不知道自己的爸爸是谁，从出生就活在妈妈的虐待中。她拿针扎孩子的脸，骂他不要脸。孩子早早就学会了自己穿衣，甚至还会给妈妈喂饭。可惜，他的懂事换不回妈妈的温情。

事发前，这个妈妈本来是想自杀的，可是她觉得自己走了孩子没人管，于是用围巾勒死了小苏。中间小苏一度醒来，被妈妈发现，她再一次地，死死勒紧他的脖子，直到他再也醒不过来。

办理这个案子的检察官含泪写下《孩子，请你原谅我》：

孩子，我要请你原谅我们。你知道吗？去年我们办了一件支持"撤销监护权"起诉的案件。那个小姐姐离开了侵害自己的亲生父亲，她的世界恢复了纯白，她又有了梦的未来。可是，我们还是处在探索和研究阶段，没有法定化，没有规范化，更没有让所有人认识与记住，检察机关可以支持起诉"撤销监护权"。是我们做得太慢，是我们做得不够。

"撤销监护权"这个词，终于走进了公众的讨论。

离开了信代的玲玲，重又回到了那个没有爱的家，活在了家暴的恐惧之中。数弹珠成了她残酷岁月里唯一的寄托，她一边数弹珠，一边唱着歌，这首歌，恰恰就是信代妈妈教给她的。

她没叫过她一声妈妈，但是在她心里，她才是真正的妈妈。

玲玲与信代之间，已经发生了情感上的强联结，而这联结的意义，其实远远大过她与母亲血亲意义上的联结。

可是仅仅因为法律生硬的规定，她就要和自己选择的母亲分开，被迫回到生理上的母亲身边。这，真的公平吗？

如果法律战胜了感情，那到底是感情的缺陷，还是法律的短板？

正如信代说，子女是没法选择父母的，所以自己选择的羁绊反而更强。而羁绊，是我选择了你，你心甘情愿为我所拖累。

多希望有一天，为人父母可以真的有一场考试，子女有重新选择的权利。

那些仅仅贡献了精子和卵子的人，不配成为别人的父母。

"父母也能自己选择吗？"

"自己选择的应该会更好吧！"

"山鸡"陈小春：
从坑娃到暖爸需要几步

《爸爸去哪儿》第五季开播，"山鸡"哥陈小春和儿子 Jasper 的组合火爆圈粉，把坑娃老爸和懂事萌娃的人设演绎得淋漓尽致，那个在电影里杀气腾腾的男人，在面对与自己心理年龄完全不匹配的小小春时，输得心服口服。

荧幕那头的陈小春带着儿子大大咧咧地录节目，而在荧幕这头的应采儿却始终都没放下那颗悬着的小心脏。她说，陈小春从来没有独自带孩子超过六小时，她能给陈小春列出一百条叮嘱，甚至还直接"恳求"节目组"不要给他们俩太多的独处时间"，因为她对父子俩的独处并没有信心。

在应采儿的微博里，陈小春和儿子之间的关系应该是这样的。

因为忙于工作，陈小春基本没什么时间陪伴 Jasper，基本都是应采儿照顾和教育孩子，当节目组问他对儿子了解多少时，他说"一分"。

以至于当应采儿讲起给儿子量体温和洗澡的注意事项时，陈小春完全是一脸蒙的。

谈到上节目的理由时，陈小春坦言，他最大的愿望是获得儿子的心。

此前，陈小春的所有人设都聚焦在他的高冷、他的坏脾气上，即便他把自己的人生演成了一部从内地乡下仔到香港红星的逆袭之旅，但人们似乎从未将他看作一个正能量的励志偶像。

十三岁那年，陈小春从广东惠州农村出来，跟着老爸去香港的工地打零工。几经辗转，做过铜锣湾大排档的跑堂，进过理发店，一直到十八岁那年才因为一次偶然的机会，被选进了香港无线电视台当舞蹈学员。

他唱过歌，与谢天华、朱永棠组合了一个"风火海"。

演过电影，靠《朝九晚五》拿下了金像奖最佳男配角。

但是真正让他火起来的是三十岁那年演的古惑仔。

出身底层，靠奋斗站稳脚跟，这是那个时代的香港娱乐圈里经常会看到的故事。不过在陈小春这里，他的故事从"山鸡"开始，就被死死地圈住了，几乎所有的差评都曾在他身上出现过。

一张冰山脸，超级凶的脾气，和媒体经常冲突、爆粗口、罢录节目，花边绯闻一大把。

就是这么一个痞气十足的人，最后却在与应采儿相遇后翻了身。

有了婚姻和家庭的陈小春开始逆势反转，流传最广的莫过于两个人在陈小春演唱会上的甜蜜互动，撒得一把好狗粮。

怕老婆、拒绯闻、秀恩爱，甚至见到了原来最痛恨的狗仔队，也开始学会和颜悦色。

从浪子到好好先生，中间隔了一个应采儿的距离；而从杀气腾腾的"山鸡"哥到圈粉无数的暖爸，中间只隔了一个小小春（Jasper）的距离。

在这季《爸爸去哪儿》里，比起吴尊、刘畊宏和杜江，陈小春可能是最不会带孩子的那个。

比如你隔着屏幕都能感受到他对儿子的超凶画风：

他的脾气依然很差，找不到挑的房子时，他一脸的不耐烦，Jasper 走得慢点，他会发火。

但是在火暴脾气的背后，他对儿子的爱也毫无保留。节目开始后，他贴心地给儿子扇风。

白天发脾气，晚上他会主动和孩子道歉。

经常把爸爸爱你挂在嘴边。

火暴的脾气与父爱的柔情形成了超级反差，瞬间点燃了陈小春的魅力值。和许多爸爸一样，陈小春算不上完美爸爸，他有许多缺点，会凶人，有时候也很粗心，但是他对孩子的爱却丝毫不差。

没有人天生会当爸爸，他们需要有一个机会，有一个契机去展示自己的父爱属性，在与孩子的相处中去适应自己的角色，去学着慢慢成长。与怀胎十月的妈妈们相比，进入角色较慢的爸爸已经落后一个身位，如果再让他们一直游离于养育之外，那么爸爸的存在感和积极性自然会减弱。

每一个爱孩子的男人，都 man 到满分。

最好的父子关系
就是没大没小

　　小时候，我最爱干的一件事是给我爸起外号。马大哈、马大懒、马大笨、马大宝、马大包子……他身高1米85，喜欢把我高高举过头顶，我坐在他的肩头一边晃悠一边喊："马大哈，你走得慢一点啊！"

　　如今我打电话，仍旧和他称兄道弟："老马啊，不是我说你……"

　　我爸坏毛病挺多的，脾气也暴，对我凶起来那是真凶，我也没少在文章里批判过他，咬牙切齿起来那是真咬牙切齿。可是他有颗不老的童心，不摆父亲的架子，爱跟我抢吃的、抢电视，到现在看电影还爱在旁边问我："这人是好人坏人？"所以我两没有隔夜仇，前一秒还剑拔弩张，后一秒就能坐下来谈心。

　　感谢我老爸，我活成了一个还算有趣的人，胆子大、敢做决断、有点叛逆、从不盲从权威。

汪曾祺在《多年父子成兄弟》里这样写道：一个现代化的、充满人情味的家庭，首先必须做到"没大没小"。父母叫人敬畏，儿女"笔管条直"，最没有意思。他还说，"作为一个父亲，应该尽量保持一点童心"。

最好的亲子关系不是父亲有多威严，孩子有多听话，而是父亲用天真的心和孩子共同成长，前者不以成人的世界观去压迫孩子，后者在和风细雨中自由自在绽放，不过分溺爱，不做父母附庸。

我频频被《爸爸去哪儿》里的沙溢和安吉圈粉，这对自带光环的父子凑到一起简直是一部行走的情景喜剧，尤其是送早餐那集，沙溢得知吃的是被黄狗吃过的面后，父子俩的相视一笑直接让人炸裂。

对沙溢的印象一直停留在白衣飘飘的白展堂时代，《武林外传》我看了不下三遍，操着一口东北话的帅气白展堂绝对是个让人过目不忘的角色，他对江湖的义、对佟掌柜的暖、对兄弟姐妹的情，各方面都能称得上是好男人的典范，以至于他时不时自启动的话痨模式都带着几分蠢萌与可爱。

此后的沙溢就一直活在老白的光环下，尽管他不断去尝试更多的戏路，演绎更多的角色，上春晚、演正剧、接电影，但是大家还是习惯性地把他与那个幽默十足的老白对号入座。

前几季《爸爸去哪儿》里，人们记住了除了走秀还能下厨的张亮，除了能下厨还能当人生导师的黄磊，懂事的多多和石头，见证了明星爸爸们各具特色的带娃理念。但是单就节目里表现出来的亲子相处模式来说，沙溢和安吉的组合绝对是前无来者的存在。

翻看沙溢的微博，隔着屏幕就能让人感觉到这对父子之间的相爱相杀。

再看沙溢上传的小视频里安吉改编的歌谣：

"你拍四，我拍四，老爸在家排第四。"

而在《爸爸去哪儿》里，这种互相伤害的画面更是随处可见。沙溢曾在先导片里自吹是"管儿严""安吉很怕我"，然而这份骄傲只持续了半秒就被表情包安吉给无情地践踏粉碎。

节目中的沙溢是个"低能"父亲，一言不合就被安吉怒怼，当一个不靠谱的老爸遇上霸气侧露的儿子，似乎他们来参加的是"儿子去哪儿"。

平心而论，在中国式家庭中，这样的父子关系是罕有的。比起两次把儿子骂哭的蔡国庆，沙溢没有以父之名的压迫，没有说一不二的霸权，没有彼此抗衡的对立。儿子可以直呼父亲的名字，父亲可以和儿子相互调侃，他们像一对最佳损友，表面上相互嫌弃，实则彼此依赖至极。况且能和儿子称兄道弟的沙溢看上去粗线条，实则把对安吉兄弟的爱都融在了一点一滴的细节里。

充分放权、信任儿子的结果是安吉独立能力一级棒，兄长力max，阳光体贴，走到哪儿都牵着弟弟小鱼儿的手，无死角地照顾弟弟。我有一个一直纠结要不要二胎的朋友，看完这期《爸爸去哪儿》就做了自己的决定——留给孩子多少钱，也不如留给他一个亲人。

比高利贷还狠的亲情债
才是最可怕的

生而为人，都不容易。

2016 年热播剧《欢乐颂》里，最人神共愤的镜头大概要数樊胜美的母亲逼着连饭都快吃不上的女儿到处借钱帮儿子填坑，舍不得让儿子、孙子受半点委屈。

其实我看不出樊胜美有多爱自己那些凉薄的亲人，一听到来自老家的电话，就好像遇见了瘟神一般。可是得知父母身无分文来上海，她比谁都着急，父亲中风送医院，她还是要不惜一切代价抢救。于是，前一秒还在鄙视樊胜美爱慕虚荣的观众转眼就被她的孝顺感动，恨不得隔着屏幕去给她的支付宝转账。

若论我最讨厌的褒义词排行榜，"孝顺"二字绝对可以排进Top10，尽管当时我自己才刚刚费尽千辛万苦挤进母亲的队伍。当时的我疼痛加发烧，被人颤巍巍地架上了产床，还要忍受助产士的咆哮：
你到底会不会使劲！

出来后我妈说：这下知道当妈不容易了吧？将来让圣宝好好孝顺
你。我说就是因为不容易，所以我一定要好好爱他，没有条件，不求
回报。

古人有养儿防老的刚需，教养子女，更像是一种投资，为了提防
投资打水漂，追求更高的投资回报率，自然要加强对子女的洗脑，流
传下来，竟成了所谓的传统美德。二十四孝的故事一个比一个变态，
什么埋儿奉母、卖身葬父，最逗的还是刻木事亲：东汉丁兰自幼父母
双亡，为了寄托哀思刻了俩木头雕像，每天跑到雕像跟前请安，老婆
好奇用针刺了一下雕像的手指，就被一纸休书轰回了家。

说白了，这种孝顺的本质，不是出于爱，而是去履行一种天然的、
割舍不断的义务。换言之，就是将父母子女用血缘捆绑在一起，变成
一对债务人与债权人。你一出生就背上了一笔亲情债，这辈子都还不
清，比高利贷还狠。我曾接触过很多樊胜美式的"孝顺"子女，心中
纵有千般无奈万般委屈，也不敢说一个不字，我从他们口中听到最多
的一句话就是"没办法，谁让父母没得选"。于是父母连打骂孩子都
可以被冠以爱之名，所谓"爱之深责之切"，子女稍加反抗就变成了
忤逆、大不孝。

为什么我厌恶孝顺这个词？因为它害人，有时甚至要命。

留美女博士赵庆香就是真实世界里的"樊胜美"，千里迢迢回国

探亲，父亲却只知道为癫痫儿子娶妻伸手要钱。因为拿不出钱，赵庆香夫妇被父亲活活砍死。如果不是被"孝顺"这个词死死拴住，自认为有责任和义务贴补照顾娘家，从小享受不到父母爱的女博士根本不必再回到这个冰冷冷的家。

"天下无不是的父母"，是最有问题的一句话。首先，不是的父母多的是，抛妻弃子的、家暴的、把子女当赚钱工具的、禽兽不如的……血缘没得选，亲情可以挑，若不幸遇到这样的父母，坚定地断绝关系，对不负责任地把你带到这个世界上来的人，你不需要背负任何情感包袱和道德枷锁。其次，这句话更应该反过来说，天下无不是之子女，反而有的是培养出"不是"子女的父母，与其抱怨子女，不如先自己面壁思过，因为这些"不是"的根源不正是出于你们的教育？怎么还能仗着有这句话撑腰为所欲为。

当然，这个世界上，还是爱子女的父母多，省吃俭用给子女提供最好的，甚至拿出毕生积蓄帮孩子买房买车。可是这样的一群父母，同样爱把"孝顺"二字挂在嘴边。隐藏在父爱如山母爱如水背后的，是一双无形的操控的大手。他们要的孝顺，不是经济上的回报，而是对子女的绝对控制：我对你付出了这么多，你怎么可以不听我说？于是你的学业、你的事业甚至你的婚姻他们都要插上一脚，人到三十还不结婚，简直就是"有辱门楣"。豆瓣有个小组，叫"父母皆祸害"，说的就是这一类。

这样的父母，比樊胜美、赵庆香的父母更难让子女 say no，"他们这么做，都是因为爱我啊！"我认识一个女人，爱子如命，厌恶儿媳至极，跟我抱怨自己的儿媳妇，从头到尾说得一无是处。我说那你儿子怎么看，她恨恨地说，我儿子鬼迷心窍了才爱她，他要是孝顺就趁早离婚。我说你养他是为了爱他还是让他听你的话？如果是前者，你不是应该盼着他幸福才对吗？

还有个朋友生活细节事无巨细都要被强势的母亲干涉，稍有反抗就要被扣上一顶"你不孝顺"的大帽子。后来她总结了一个唯一的办法，就是不说话，一切奉行"你说的都对"。这是一种特别压抑绝望的亲子关系，母亲却沾沾自喜于自己控制欲的全盘胜利。

==维系子女与父母亲情的，本应是爱，而非道德责任。在一个大谈"孝顺"的家庭，永远不要指望父母与子女建立真正的亲密关系==，一个"听话"的孩子，绝不会真的向自己的父母敞开心门袒露心扉。君君臣臣父父子子的时代早已过去，可是在中国，父与子，仍是一道天然无法逾越的阶级鸿沟。

当然，对于一些而立之年还在啃老的子女来说，孝顺父母就成了不得已而为之的必须，甚至变成了一种工作，那就不要再抱怨父母不给你空间，你可能连今天穿什么颜色的袜子都没法做主。没办法，没有一种工作是不委屈的。所以经济的独立，是脱离孝顺的桎梏去谈爱的大前提。

==最好的亲情，建立在平等基础上，我生你养你，是为了见证一段生命的神奇旅程，而不是为了你将来孝顺我。==我也希望如果有一天我老了走不动了，你来看我，陪我，照顾我，是因为你敬我爱我，而不是你欠了我。孩子，你什么都不欠我。孝之外，顺更不必，如果有一天你开始对我说"不"，并滔滔不绝说出你的想法，我会引以为豪，因为这是你独立的真正开始。

扔掉绑架，还原亲情本来的面目。多一点爱，少一点顺，别再说"我是你爸爸"，这才是一个社会进步的开始。

女儿六岁，
已经和我成了仇人

我在天涯上看到一个二胎妈妈发的帖子，小的那个一岁半，大的那个六岁，已经到了跟自己水火不容的地步。

母女俩是怎么走到这一步的呢？用这个妈妈的话说，大女儿从小就很聪明，智商高，活泼外向，但是在生活习惯和脾气性格上，槽点特别多，尤其是有了老二之后变本加厉。

比如她会拿成套的水彩笔堵住下水道，在墙上到处乱画，整个家惨不忍睹，她调皮好动，而且叛逆，会故意和老二开恶作剧玩笑。

"小的时候，家里人觉得孩子可爱，简直就是一个天使，都不知道每天要亲她多少次，感觉脸都要被我亲肿了，现在呢，每天要把我逼疯！"

看到没？这就是典型的"有条件养育"——你乖巧我就爱你，你闹事我就讨厌你。

无独有偶，我还曾经看过另一个二胎妈妈的亲述，更让人难过：这个妈妈几乎把所有诅咒都用在了自己四岁的大女儿身上，她说曾经也是爱这个孩子的，可是却发现她的脾气越来越坏，越来越难以管教。后来有了二胎，妹妹怎么看都乖巧。

"我每天都在压抑控制自己的情绪，有时候带老大去超市，甚至还会邪恶地想，她被人贩子拐跑就好了。"

被自己的妈妈这样仇视，孩子的心理没问题也会变成有问题。

这两个例子非常有代表性，集中反映了当代家庭最常遇到的两个问题：

一个是如何正面管教，一个是怎样平衡二胎关系。

第一个问题更普遍，即便不是二胎家庭，也会经常遇到，那就是相当一部分父母并不懂得正面管教的含义。

正面管教的精髓，可以用六个字来概括：不惩罚不骄纵——和善而坚定地为孩子制定规则并去遵守。有的家长，口口声声说不能惯孩子，孩子一闹就着急发火，但是吼完发现没有用，孩子继续闹，又赶紧举白旗投降满足孩子，这才是真正的惯孩子。

三岁前是孩子性格形成的决定时期，也是建立规矩的黄金期。文章开头的这个妈妈，自己也意识到了问题：小时候孩子打坏了东西，大人当成笑话来说；把面霜涂满脸，觉得可爱还发朋友圈……

可是当孩子一天天长大，这些习惯却不能扭转时，就再也不觉得孩子又萌又可爱了，取而代之的是厌恶，这对孩子公平吗？基因是遗传你们的，教育是你们教育的，你能上网吐槽孩子，他去哪儿吐槽你？也许只能二十年后的"父母皆祸害"小组见了。

总把孩子当孩子，却希望他在一夜之间长大，才是教育最大的笑话。多少父母，把"他还是个孩子"挂在嘴边，好像只要岁数还小，做什么都能原谅，但是等到木已成舟，第一个不能原谅孩子的就是他们自己。

真正的教育，从孩子来到这个世界的那一刻起就开始了。小孩子好奇心重，破坏力强，可以理解，可以不苛责，但一定要坚定地告诉他们：你这样是错的，而不是一笑而过，还觉得自己的孩子特别可爱。

如果想让六岁的孩子认识到错误，做父母的，要先在孩子面前承认自己的错误：之前对你的纵容，不是你的错，是我的。现在，我陪着你，我们一起变得更好。

除了正面管教，这两个故事的另一个共性，就牵扯出了二孩家庭所面对的老生常谈——如何平衡两个孩子的关系？

从帖子的内容可以明显看出，大女儿在传递出一个非常重要的信号——我需要被关注，我也是你的孩子！

这是许多二胎家庭中比较常见的问题。两个孩子会不可避免地陷入一场与"对手"分享关爱和抢夺焦点的战争，简称"同胞竞争"，他们会有意或者无意地表现出非同寻常的破坏力，变得更加调皮，难以约束。

特别是在一度是家中独苗的长子／女身上，经常会发生某种程度的情感紊乱。这样的行为通常被大人漠视或敌视，甚至会责骂孩子自私，事实上，自私的不是孩子，而是大人。没有姐姐／哥哥天生就应该爱弟弟／妹妹，全在大人的引导。（见专门谈二孩家庭的文章《二孩家庭：生得起，养得起，但你爱得起吗》）

身教比言传重要一百倍，你只有给孩子足够的爱与安全感，他才能学会怎么去爱自己的弟弟妹妹。如果你的大孩子喜欢背着你欺负自己的弟弟妹妹，不好意思，这八成是从你对他的态度上学到的。

我们把孩子带到这个世界上时，承诺给他们全部的爱，可是如今却连招呼都不打，单单出于自己的考虑，就带来了一个"闯入者"，分走了他们大半的爱。还要逼他们懂事，大的让小的，这对于孩子来说，是一种残忍。

更残忍的是，很多父母读不懂大孩子"撒泼打滚"背后传递的求助信号，情感上就开始发生倾斜，如前述的那个妈妈，越看大女儿越不顺眼。

我爸爸就生在一个极度偏心的家庭，受宠的是小他四岁的妹妹、我的姑姑。我为什么讨厌女权主义者动不动就拿重男轻女说事，就是因为偏心有时真的无关男女，男孩也可能成为受害者，只是生你养你的父母单单的不爱你而已。

姑姑生下来那年，我爸正是一个男孩最淘气、鬼见愁的年龄。他的父亲没有耐心教育他，只是单单觉得和乖巧的女儿比，这个儿子一天到晚都在给自己添麻烦。五岁那年，因为不肯睡觉，他甚至大半夜被我爷爷赶出家门。

后来上了学，姑姑读书用功努力常年考第一，更衬得我那个爱逃课、捣蛋的爸爸一无是处，他一直活在父母的责打、刻薄与嘲笑中，无论付出多少，都难以换来对方哪怕一句肯定。如果知乎开个帖"父母可以讨厌自己孩子到什么程度"，我猜我爸的故事能拿到高赞。

爱屋及乌，厌屋亦然，他们不喜欢我爸爸，也同样不喜欢我。小时候我去他们家，翻一下冰箱都会被爷爷破口大骂，十八岁前，他几乎没有给过我笑脸。而九岁那年姑姑一家从美国回来探亲，爷爷开门见到我堂妹，嘴巴咧到了耳根，我才知道，原来他是会笑的。

父母偏起心，对子女的伤害根本不可估量。直到现在，我自己都没有勇气要二胎，总害怕如果一碗水端不平，对另一个孩子不公平。

世人总爱歌颂父母对孩子的爱无私，可是扪心自问，真有这么无私吗？而每一个孩子来到这个世界上时，却都把父母当作最信任、最依赖的人。

直到现在，我爸爸有什么最好的东西，还是会第一个想到我爷爷奶奶，只因为他们是生他养他的人。

大圣每天像小跟屁虫一样跟在我身后，有时我在工作顾不上理他，他就跑去一边敲键盘一边喊：大圣帮妈妈干活。走在路上，他会毫不犹豫地伸出手让我牵，无论我带他去何方，从来没有片刻怀疑。

　　我常常说我有多爱我的儿子，但我知道，他爱我远远胜过我爱他。他不在乎我有没有钱、美不美、有没有地位。他对我的爱才是真真正正无条件的，只因为我是他的妈妈。

　　为人父母，我们又真的对得起这份信任和依赖吗？如果我们连给他们无条件的爱都做不到，又拿什么去吹嘘自己的父爱如山、母爱如水？

　　墙画花了可以重新刷一遍，失去了孩子的信任，这份亲情补得回来吗？

　　你可以生两个甚至更多的孩子，但是对于每一个孩子来说，你都是唯一的，请千万别伤了他们的心。

你在孩子身上花了多少时间，
孩子会用行动给出答案

2018 年 3 月，黄圣依又上热搜了，这次不是靠演技，而是靠一场亲子真人秀。

在《演员的诞生》中，黄圣依用不在线的演技验证了一个演员的"水土不服"，在《妈妈是超人 3》里，黄圣依用一份 28 分的答卷，还原了一个"黑洞妈妈"的日常。

在一开始的出场环节，黄圣依和儿子安迪就以一场不耐烦的尬聊开局，选衣服时，安迪百般拒绝，出门时，安迪宁愿躲到茶几下面，也不愿送妈妈出门。

这些霸道总裁范的细节让黄圣依有点尴尬，但是看完接下来的答卷环节，你就会知道原因在哪了。

四位妈妈入学前需要接受一个摸底考试，测测对孩子的了解程度，在这个考试中，贾静雯得了满分，而黄圣依只得了可怜的 28 分。

当问儿子最喜欢谁时，黄圣依信心满满地回答是妈妈，结果儿子的答案是奶奶。

问如果只带一件东西去外太空，会选择带什么，黄圣依自作聪明地答了一个奥特曼，结果安迪的回答是——氧气瓶。

让黄圣依备受挫败的不止于此，当节目组问安迪想让爸爸妈妈变老吗，安迪十分干脆地答了个"想"，这样他就可以长大，干自己喜欢的事情。

当问到平时妈妈不陪你，你会孤单吗？安迪云淡风轻地答了一句：不会孤单，因为我习惯了。

一个五岁的孩子，对着镜头说习惯孤单，这种远超同龄人的早熟着实让人心疼。更令人心疼的是，黄圣依居然将孩子的年龄记错。

对比其他妈妈和孩子的默契，黄圣依和安迪给人的感觉更像是一对路人母子，就像霍思燕在节目中所说，分数真的能说明妈妈到底有没有亲力亲为地带孩子，很显然，黄圣依给安迪的陪伴是个大写加粗的不及格。

但是偏偏，黄圣依复出后最爱打的就是母亲这张牌。

2017 年参加《星空演讲》时，黄圣依选的题目是《一个母亲的沉默与坦白》，她说为了保护孩子，她和杨子把安迪藏在奶奶家里，不敢接送儿子上学，不敢和他一起去游乐场。不敢陪孩子去游乐场也能理解，但是你倒是陪他在家里玩啊！

参加《演员的诞生》，到排练场最晚的黄圣依毫不留情地就把戏份最多的小蝶角色从柴碧云手里抢过来，理由是"我是妈妈，我懂丧子之痛"，结果观众看到的就是那一声尖叫和鬼畜一般的舞步。

好妈妈的人设真的不是靠自己王婆卖瓜的，你在孩子身上花了多少时间，孩子会用行动告诉外人答案。

那么，问题来了，如果没有陪孩子，黄圣依消失的这些年到底在忙啥？

与其说安迪习惯孤单，不如说他已经对父母的陪伴不抱任何期待，宁愿去选择自己成长，他身上那些懂事独立的性格，都是缺乏安全感的产物。对于孩子来说，再好的物质生活都比不上高质量的精神陪伴，父母无微不至的关爱给孩子带来的满足，远胜于一袋糖果、一件玩具。

三岁以前是孩子形成依恋关系的关键时期。在这期间，如果孩子没有太多时间跟父母在一起，就难以跟父母建立安全型的依恋关系，在婴儿期没有建立强烈和安全的依恋关系的孩子，一生中都缺乏和他人建立深入而亲密关系的能力，长大后更容易缺乏安全感和信任感。

曾在一期《非你莫属》里，一个求职者把 17 个月大的孩子扔在老家，想去北京求职，引起了嘉宾和主持人涂磊的激烈争论。

是选择为了事业，让孩子在老人身边当一名"留守儿童"，还是留在孩子身边，见证他的每一步成长，这或许是许多父母要面临的一个难题，其实仔细分析就会发现，这也是一道送分题。

俞敏洪在《奇葩大会》上讲了一个关于孩子成长的主题，他说，成长有一个特别重要的因素是父母的伴随、陪伴和指导。俞敏洪引用了一个大家可能不太愿意面对的数据，那就是在科学实验中发现，一些留守孩子的智力水平跟父母在身边的孩子相比差了一大截。而这"差一大截"的罪魁祸首，就是缺少父母的陪伴。

但是对于另外一些父母来说，他们的陪伴又是无效的，表面上看他们和孩子在一起，但是这些本来就不多的时间却被用来做家庭作业，或是无深度的交流。

类似的无效陪伴随处可见，有一次我带孩子在游乐场里玩，旁边一个三岁的小女孩一直在央求他爸爸和她一起玩过家家，或许是觉得太幼稚，那位全程眼睛没离开过手机的爸爸特别不耐烦地拒绝了，最后小女孩无所适从地躺在了海洋球里，一脸的不开心。还有的父母陪伴孩子的方式是这样的画风：孩子一个平板电脑，大人一个手机，互不打扰，相安无事坐一整天。

高质量的陪伴并不取决于时间的长短，而在于用心的程度和沟通的深度，在于要与孩子建立爱和情感的交流与互动，把孩子当成一个独立的个体来尊重，这是为人父母所能给孩子最好的礼物。

对于黄圣依来说，一个女演员的黄金时期已经被她浪费掉了，当务之急，不是疯狂出镜去追回失去的人气，而是好好补上做母亲这堂课，别再把亲子的黄金期也错过了。

别再用"再不听话……"
给孩子种下恐惧因子

一天我在楼下遛娃，有个奶奶想带孙女回家，可是怎么劝小孩都不走。

奶奶一眼瞧见了在不远处看热闹的老笨，指着他对她孙女说，"你再不跟我走，就让叔叔把你带走了"，小女孩一惊，转身就跑，留下原地凌乱的老笨在31℃的热风中颤抖。

"我招谁惹谁了？怎么就成了拐带小孩的坏叔叔了？"

遛娃遛多了就会发现，类似的恐吓简直不要太多，就连明星们也常常把恐吓教育当成育儿宝典来宣扬。

我看过小S传授的育儿小妙招，采用的就是恐吓攻略。

例如不乖就会被车碾过，或者被电死，不然就是火烧之类的。还美其名曰"让孩子在恐吓的环境下茁壮成长，即使遇上险情也百毒不侵，吓着吓着也就习惯了"，电死、火烧这样少儿不宜的桥段，连大人听了都觉得毛骨悚然好吗？

曾看到一条新闻，说宁波一名四岁的小女孩独自出门找妈迷了路，好心路人报警后，小女孩面对前来帮忙的警察又哭又叫，大喊"警察叔叔不要抓我"。

民警了解后才知道，原来小女孩的妈妈经常用"再不听话，就叫警察把你抓走"来吓唬孩子，小女孩见到警察就开始害怕，警察的作用堪比大灰狼。

宁愿相信陌生路人，也不愿相信警察，孩子妈妈的教育方式果然"深入孩心"。

庆幸的是，孩子没有遇到坏人，否则后果真是不堪设想。

可怕的是，这样教育孩子的家长并不在少数。

许多中国孩子都会遇到三大"天敌"——警察、教师和医生，因为他们小时候会经常听到以下几句话：

"再不听话让警察抓你。"

"再不听话告诉你们老师去。"

"再不听话让医生给你打针。"

……

父母们喜欢把这当成口头禅，一旦放出来这个大招，大多数哭闹的孩子就会立刻闭嘴，简单而又高效。

其实吓到孩子的根本不是这三大职业，而是父母亲手种下的恐惧的种子。

　　小孩子是没有分辨能力的，你拿什么吓唬他，什么就是他心中最可怕的东西。这是最容易被洗脑的阶段，你要是告诉他西红柿会杀人，我打赌他这辈子都不会再碰西红柿一下。

　　讲真，我觉得拿这三个职业吓唬小孩的父母智商本身就很着急，本来让小孩乖乖打针，好好上学，有事儿懂得求助就是个挺难的事儿，你再让他有了阴影，生病看见医院就绕着跑，上课看到老师就讨厌，遇到危险宁愿相信陌生人也不找警察……

　　从心理学上讲，这种借外力恐吓和威胁，让孩子乖乖就范的做法，看上去没有使用暴力，没有责骂，但是孩子受到的心理伤害更大。

　　六岁以下的小孩最容易接受恐吓暗示，这恰恰是心理形成的关键期。

　　时间久了，小孩很容易处于紧张的状态中，缺乏安全感，从而变得紧张、焦虑，注意力不集中，被吓得严重的甚至会导致情绪障碍和行为退缩。

　　说白了，吓孩子跟揍孩子一样，都是最不用动脑子的教育方法，拿来就能用，而且立竿见影。你的麻烦是解决了，孩子留下了成吨的阴影。

　　如何判断教育是不是正确，最简单的一个衡量标准，问一问你自己，有没有向孩子释放敌意？

　　恐吓，就是典型的"敌意"教育。

回想一下，家长们在什么场景下最喜欢吓小孩？号哭不止、怎么说话都不听的时候，特别是有外人在的公共场合。

所以很多家长就喜欢说，我也是没办法了啊！

真的没办法吗？办法其实还是有很多的，只是立竿见影的办法没有，大部分都要花点耐心和时间。

给孩子表达的权利，哪怕在你眼里这只是无理取闹，了解他的核心诉求，并想办法去解决。

允许孩子哭，如果在公众场合怎么都安抚不了孩子，影响了其他人，尽快把他带离，带到安静的角落，让他把情绪宣泄出来。

搞定孩子前，先搞定你自己的情绪。大部分情况下，最先失控的并不是孩子，而是父母。

你需要的，是一个独立、有主见的孩子，而不仅仅是一个听话的孩子。

永远，永远，永远不要吓唬你的孩子。

向他们释放善意，即便在你最愤怒的时候。

不是孩子惹毛你，
是你的无能惹毛了自己

吃饭的时候我看到一个视频，气得想摔筷子打人。一个四五岁大的小女孩在超市一边流鼻血一边号哭不已，血滴了一地，旁边的女人刚想拿出纸巾帮小女孩擦一下血，一位穿黑衣服的男子一个大耳光又甩到了女孩脸上。

甩耳光的不是别人，是这个女孩的亲爷爷。

案情通报

2017 年 11 月 10 日上午，网传一女童在超市被殴打的视频，冷水滩公安机关获悉后高度重视，迅速开展调查，于 11 月 10 日晚 7 时许找到了视频中殴打女童的当事人谢某成，并将其传唤至公安机关接受调查处理。

经查，殴打女童的当事人谢某成（男，1968 年出生）系衡阳市祁东县石亭子镇长安村人，目前住冷水滩区珍珠路。2017年11月9日晚8时许，谢某成与妻子邹某芳带孙女谢某慧、孙子谢某睿到冷水滩区一超市购物。邹某芳对乘商场手扶电梯有恐惧感，在一楼等候，谢某成带两小孩到二楼购物。购物后，因其孙女谢某慧哭闹不肯离开，谢某成就打了谢某慧脸部一巴掌，致谢某慧鼻子出血。超市工作人员上前劝阻并帮谢某慧擦拭脸上的血迹，谢某成继续要谢某慧离开，谢某慧仍在哭闹，谢某成又打了谢某慧一巴掌。经法医鉴定，谢某慧构成轻微伤。

谢某成写出了认错悔改书，谢某慧父母向公安机关出具谅解父亲谢某成的书面申请，请求公安机关从轻处理。11月11日，谢某成因殴打他人被冷水滩公安分局依法裁决行政拘留五日。

冷水滩公安分局

2017年11月12日

要不是有板上钉钉的案情通报，我都难相信，人怎么能心狠到这个程度。

打人的理由很简单，小女孩在超市哭闹不肯离开，想吃零食。这很正常啊，别说四五岁正是贪玩爱吃，看什么都想要，对什么都好奇的年龄了，大圣今年还不到两岁，到了超市都拔不动腿。

抬手就打，打得这么狠，这是什么仇什么怨啊？我注意到了一个细节，除了孙女，随行的还有个孙子。这个爷爷是不是严重的重男轻女不好说，毕竟没有见过他怎么对孙子，但对这个亲孙女深深地嫌弃，那几乎是一定的。

一个人无能的表现有很多，最无能就是去欺负一个弱者，最最无能的就是欺负的人还是自己孩子。

有些人真的是因为不爱孩子，打孩子纯属泄愤，比如这个爷爷，说禽兽不如都不为过。

还有人是真的分不清到底什么叫爱，他们固执地认为，严厉才是真正的爱，不打不成器。竟然还有人在这个爷爷超市打孙女的新闻下边留言说，教育孩子有时真的要靠打。

说这话的人自己才是真的欠揍。

一个妈妈在朋友圈讲述她第一次打孩子的经历，又气又悔，但是下手还真是狠，笤帚疙瘩都打断了。女儿含着泪说了一句"妈妈我不恨你"，又让她瞬间泪奔了，感慨这孩子懂事了。这不是精分吗？

我开始以为是小女孩情窦初开早恋了，还想告诉她，时代变了，要疏通不要堵，想开点。结果她说，女儿没写作业，在家长群被老师点名批评了。末了还补充了一句：你只有等大圣上了学才能理解。

作为一个心很大的妈，原谅我当时真的没忍住，乐了。这也能叫事？如果是我，会先找找问题，是作业太多太无聊，还是孩子最近不爱学习。前者，我觉得应该反思的是老师，无效作业说难听点不做也罢，真没必要在上面耗费太多时间。后者，我该反思自己最近是不是对孩子的学习没上心。就算问题都出在孩子身上又如何，谁还没有未完成作业的时候啊，怎么就不能给孩子犯错的机会了？

面对犯错的孩子怎么办？我的建议是轻轻责罚，如罚打扫一个星期屋子或者剥夺一周零花钱，惩戒力度是最好的。你还可以试着跟孩子商量着来，让他们自己选一个能接受的方式，这样更有利于他们去认识错误。

说到这个妈妈，我觉得她生气的最大原因，恐怕还是被老师公然挂出来，在一众家长间丢了面子。先不说老师这么处理真心不妥，就算是孩子让你丢了面子又如何，面子比孩子重要？

这个妈妈很有代表性，一方面，她是真的很爱她孩子，一有假期就带孩子玩，给孩子买名牌，积蓄全用在了孩子身上。但是另一方面，她又拼命要求孩子上进努力，对得起自己的这份"好"。一旦孩子达不到期待时，就要面对一顿棍棒。这样的爱孩子，都是附加了条件的。要不怎么说一代比一代压力大呢，焦虑感都是被父母逼出来的。

当你把脾气发在孩子身上时，不过是为了弥补在付出得不到回报这件事上的失调。而高举"我是为你好"的大旗，则是减轻自己在打完孩子后产生的亏欠心理。

所以别鬼扯什么爱孩子了，你只是控制不住情绪，管不住自己而已。说到底，还是自私。抽在孩子脸上的每一记耳光，都是对你自己内心的一次鞭打。

在我们家，我是无条件养育的拥护者，我妈不是。我妈对大圣是极好极好的（真不是因为她每天都看我的公号我才这么说），照顾细致入微。但是两代人育儿观念的冲撞，还是会在不经意间暴露出来。比如有一次大圣就是不肯好好吃饭，把饭粒撒得到处都是，我妈生气了，把碗往桌上一撂，抓起毛巾就给大圣擦嘴："不吃拉倒！"

我赶紧把碗接过来安抚吓蒙了的大圣："没事儿，咱们慢慢吃。"我妈于是跟我也火了："你这是惯孩子你知道吗？！"

事后，她第一次主动找我道歉，承认是自己急躁了。我当然不能怪她，因为她已经做得很好了。但是她的内心深处，依然坚定地认为，该管就要管，太多的爱会惯坏了孩子。

我不这么看，骄纵会惯坏孩子，爱不会。在带孩子这件事上，我自认为比她有原则。比如我妈禁不住大圣闹，就给他开手机看儿歌视频，我看见就会关掉。手机会把眼睛看坏，咱们玩别的去。哭也不行，闹也不行，我就细声细气跟你讲道理，永远不跟你发脾气，但是你就是把屋子拆了，不能干的事还是不能干。

不过更多的时候，我会哄着他干点别的，比如去堆积木、念识字卡、玩捉迷藏，轻轻松松就把注意力转移了。我们家民主气氛培养得比较好，所以大圣并不执拗，天大的事最多也就哭闹个五分钟，到头了。明明有一万种方式解决问题，干吗要发脾气呢？

不是孩子惹毛你，是你的无能惹毛了自己。

一个孩子撒泼打滚、哭闹不止时，上策是帮他解决问题，中策是板起面孔批评教育，下策是直接解决孩子。这里说的解决问题，不是要风就给风，要雨就给雨，而是解决孩子内心深处被爱、被关注的诉求。

如何才能知道隐藏在孩子语言和行为背后的真实诉求？嘘——

放下拳头，用你的心来听。

二孩家庭：
生得起，养得起，但你爱得起吗

二孩政策一放开，身边二孩家庭明显多起来了。都说独生子女最孤独，很多父母打着"生个老二陪伴老大"的名义要二胎，但事实上，二孩家庭里感受不到爱的那个孩子，其实更孤独。

比起是否养得起，有个更大的难题摆在了家长们面前，那就是如何让两个孩子享受无差别的爱。

1. 一碗水端不平，裂痕会伴随一生

我一个朋友抱怨，自己三岁的女儿和六岁的儿子如今整天都为了一点小事争风吃醋，向着哪个都不对，只能各打五十大板，自诩绝无偏袒，结果两个孩子都不买账，纷纷抱怨妈妈"偏心眼"。

　　千万别小瞧孩子们之间这些芝麻绿豆大的矛盾，处理得当，能够帮助两个孩子更好地成长，慢慢学会关爱包容，建立亲密关系。处理不好，矛盾不断升级，慢慢埋下手足不睦的种子，并伴随一生的成长，成为无法缝合的裂痕。

　　北京卫视有档调解节目，几乎全是手足争产，当事人撕得鸡飞狗跳，吃相不忍直视。很难想象这是曾经一个娘胎出来的，血浓于水的亲人。

　　兄弟姐妹争得你死我活，99% 以上好像都是为了钱。哥俩若是穷得只能一个馒头两人分的，感情多半不错，倒是豪门里钩心斗角的例子最多。这些人哪里是真的缺钱，他们是在争夺父母对自己的爱。

　　这也是为什么"哥哥结婚爸妈给买房，我结婚只有一辆车"的帖子屡屡见诸网络，核心原因只有一个，那就是当事人感觉自己遭到了不公平对待，所谓"不患寡而患不均也"。

　　表面上，是财产分配的不公平，实际上，父母们一碗水没有端平的并不是物质，而是爱。

2. "如果你感到被忽视了，请来告诉我"

　　二孩，或者多孩的父母，最常犯的一个错误就是认为兄弟姐妹天生理所应当相亲相爱。

　　事实上，人都有手足相争情结，这样的情结会在轻松快乐的情绪下轻松化解，转化成亲密关系，并不会伤害对方，但是如果情绪没有正确的宣泄出口时，孩子们就会转而相互攻击甚至手足相残。

长子在家庭中扮演着守卫者的角色，次子的"入侵"，打破了自己作为家中唯一孩子和绝对中心的局面，分走了父母对自己的爱。次子在家中扮演着挑战者的角色，长子的存在意味着无形的压力和超越的目标。

长子和次子之间的这种竞争关系毫无疑问将长久地存在，但是最终会演变成良性的共同进步还是恶性的你死我活，全在父母的引导。

几乎所有二孩家庭的孩子都会问这些问题：

我被爱着吗？

爸妈是否只爱我一个？

当他们爱了另一个孩子，是不是就不再爱我？

《游戏力》的作者劳伦斯·科恩提出了一个形象生动的蓄杯理论：

孩子需要不断的关爱和照顾，就像杯子需要不断蓄水。当孩子饿了累了，感到孤独或者伤心，他就需要被照顾抚慰，就像杯子需要加水。那些杯子常年保持蓄满状态的孩子，总能有足够的安全感。反之，如果一个孩子的杯子长期空着，他就会陷入焦虑黏人、退缩、自我封闭的状态。

摆在二孩父母面前的，是两个杯子。孩子是天生的达尔文主义者，手足相争的根本目的是竞争蓄杯的机会。小的那个孩子无疑会受到家人更多的照顾，大孩子看到小孩子的杯子经常处于蓄满的状态，自己的却常年空着，他们就会动手去抢夺给杯子注水的机会。

　　所以二孩父母们一定要向两个孩子，特别是大的那一个传达出这样的信念：你很重要，爸爸妈妈非常爱你。小孩子刚刚出生时，大孩子通常会感到失落，父母不妨坦诚告诉孩子：我们可能暂时会对弟弟／妹妹投入更多的时间，但对你的爱一点都不会减少，如果你感到被忽略了或者不开心，请一定要来告诉我们。

　　如果大孩子认为自己的付出对家庭有价值，他就会享受照顾弟弟妹妹的乐趣，在这个过程中，两个孩子的杯子就同时蓄满了。反之，如果大的那个感受不到快乐，认为照顾弟弟妹妹牺牲了自己玩耍的时间，杯子很快就会空。所以做父母的，最忌将照顾弟弟妹妹变成强加在大孩子身上的责任和义务，这是偷懒的行为，也是对老大的不公平。

　　演员孙俪在这一点上处理得简直堪称教科书级的典范。

　　在怀女儿小花的时候，她就有意识地叫儿子参与进来，让等等给妹妹取名字，选礼物。妹妹出生时，孙俪准备了一个玩具放在床上，表示这是妹妹送给哥哥的。

　　就连小花的满月酒，孙俪也把等等变成了主角，不让儿子有被忽视的感觉。她告诉儿子"这是你 33 个月的小成人礼，是你的大 party"，而酒席开场白第一句是："欢迎邓超先生和等等先生"。

　　生活中，孙俪随时都在为两个孩子蓄杯，她不吝夸赞哥哥对妹妹的关爱，也鼓励妹妹向哥哥学习，在这个过程中为兄妹俩建立起了亲密关系，让他们同时感觉自己被妈妈爱着。

3. 爱的平等 ≠ 物质的公平

兼顾两个杯子并不是一件容易的事情，很多二孩父母甚至索性放弃对平等的追求，放任自己偏袒其中更喜爱的那个孩子，导致两个孩子之间的猜忌、不满和对抗，这也是为什么很多人母子兄弟一场，最后却形同陌路，势如水火。

对爱的平等处理并不是追求物质分配的绝对公平，而是有针对性地照顾到每个孩子具体的需求。

举个最简单的例子，一个馒头掰开一人一半，大的那个孩子不够吃，小的那个也吃不了。但是如果他们同时感觉到了来自父母无差别的爱，那么谁吃得多一点，谁吃得少一点，就变得没那么重要。

港剧《开心速递》中，熊家大女儿发现爸爸送自己的首饰是假的，给妹妹的却是真的，气得大骂父亲偏心。父亲告诉她，照顾妹妹是因为妹妹自理能力差，什么都处理不好，而你能力强可以照顾好自己，轻轻松松就化解了老大的愤怒。父亲的话是假的，但是让女儿感觉到被重视是真的，她的杯子就再一次被蓄满了。

孙俪一家中，小花作为小的那一个，肯定会得到家人精力上的更多关照，但是等等在照顾妹妹的过程中得到了父母的认可，并没有被忽略。

没有家长能够做到把两个孩子架到利益天平的两端，追求分两不差的绝对分配。给相对弱的那一方更多实际的关注，让相对强的那一方感受到肯定，就能很好地平衡两个孩子之间的矛盾。最重要的是：

让他们都能感受到自己是最受重视的那一个。

4. 别再说"大的就要让着小的"

两个孩子朝夕相处，摩擦是无可避免的，父母应该如何站队？比较普遍的做法是各打五十大板或者一股脑推到大孩子身上，认为"大的就要让着小的"。如果出了问题，他们往往会用简单粗暴的逻辑判定是大的欺负了小的，或者是大的没尽到让着弟弟妹妹的义务。

事实上，两个孩子打架，问题未必出在力量更强大的大孩子身上，很有可能是小的那个通过实践而获得的一种力量抗衡的策略，不要太快就认定他们是受害者。

如果父母每次都毫不犹豫地站在小的一方，很容易养成大孩子胆小怕事，不敢争取自己的权益，而小孩子蛮横不讲道理，不择手段达成目的的性格。

最好的方法是不要过度参与他们之间的"内战"，别冲在第一线，要相信他们解决问题的能力，留给他们自己解决的时间。如果"战火"升级到父母必须要干涉了，将他们拉开，倾听他们的解释，不要把注意力过度放在主动"惹事"的那个孩子身上，因为 ta 的目的恰恰就是想要吸引你的注意。

在这场冲突中，就事论事，给出你的建议而不是对孩子的人格攻击，比如用"你们试着每人玩五分钟"来取代"你怎么总是欺负你弟弟，让他玩一会儿怎么了"。然后离开冲突现场，给孩子们友好协的时间。

生二孩容易，养二孩难。二孩家庭里，没钱不是最可怕的，缺爱才是。

无论是独生子女还是二孩家庭，孩子们都需要来自父母同样多的爱。生个二孩并不代表你的爱可以分摊或减少，相反，你要付出更多。

最好的爱绝不是让孩子们互相陪伴，而是你去陪伴孩子们，让他们感受亲情温暖，学会爱与责任。

第四章

人生不由分数决定，
懂生活的孩子人生不会差

　　学习成绩只是孩子某一小段学习成果的验证，在孩子的整个人生路程上只占很小的一个比例，虽然学习是他们这一段人生路的主要任务，但孩子需要学习的从来不只是文化知识，所以不能因噎废食，为了学习把生活等其他方面都置之不顾。

孩子们不缺内疚的妈妈，
而是缺快乐的妈妈

　　2017 年 8 月，我又在朋友圈里看见了咪蒙老师的新作——《每一个职场妈妈，都欠孩子一句对不起》。首图赫然写着：我是个职场妈妈，我是个混蛋。

　　这是什么话？！

　　接下来就开始了煽情模式，又晒照片、又 po 视频，大谈自己和同事对孩子的疏于照管。事出无常必有妖，凭着一个自媒体人的职业敏感度，我已经觉得有点不对劲了，直接翻到最后，果然，是一条某购物网站的广告。

　　嗯，职场妈妈在上面买东西，孩子就能得到补偿了？就能免于意外了？就能获得更多陪伴了？这是什么神一样的逻辑？

　　但是没关系，妈妈们的情绪已经被点起来了，一边流着泪，一边下着单，还顺手转发了朋友圈。

讲真，发软文是合情合理的商业行为，靠能力赚钱天经地义。

打广告，可以煽情，可以搞笑，可以神转折，但是你不能扭曲价值观，为了卖广告，让每一个职场妈妈背上无谓的负罪感。

过去的传统价值观里鼓吹愚孝，孩子一出生就欠了老子的，要用一生来还债。如今反过来，打从父母决定把孩子带到世界的那一刻，就好像莫名欠了孩子似的，什么都要给最好的，怎么做都不够完美，总是亏欠孩子。职场妈妈没时间，有罪；全职妈妈没收入，也有罪。好像只有徐子淇那样钱和闲都有的，才有资格生孩子，其他人都不配当妈。

投胎是个技术活，如果有得选，谁不想投到豪门望族？但你道豪门的妈妈就完美？豪门的公子哥就一定幸福了？福贵如徐子淇，为了追儿子连着几年一胎一胎地生，被媒体讽刺是传宗接代的机器。生了这么多，她是否也该自责母爱分不过来呢？

这世界，哪里有十全十美的选择？不是妈妈们不能做到完美，而是只要是人，就不可能百分百完美。人生总有缺憾，但是这些缺憾鞭策我们成为更好的自己，而不是变成罪人。

如果选择了职场妈妈，就高高兴兴去职场实现自己的价值。职场上，我们是老师、是医生、是警察、是写字楼的职员、是商场的售货员……是这个社会不可缺少的一部分。我们向自己的孩子证明了，女人的人生终点不该只是家庭，还有更多的可能。

当孩子说，看，那个站在讲台上的人是我妈妈，那个穿着白大褂的人是我妈妈时，这是一份深深的骄傲。

下了职场，我们依然可以赶回家给孩子做饭，讲故事，辅导他们做功课，晚上睡觉时给他们盖好被子，带他们去看世界。

如果选择了全职妈妈，那么就在家，把自己的价值发挥到最大化。我们学习怎么管理自己的情绪，怎么教育孩子，怎么给孩子高质量的陪伴，时时处处给孩子做好示范。

当孩子说，我想做个我妈妈那样的人，再混乱的局面她都能处理得井井有条，家里永远干干净净时，这也是一份深深的骄傲。

妈妈好不好，跟职业无关，跟她们对孩子的爱有关。有全职在家天天打麻将，孩子出意外都浑然不觉的妈妈，也有不管每天几点下班，都要陪孩子看书做游戏的妈妈，你说谁的陪伴质量高？演员马伊琍，拍戏这么忙，一样坚持给孩子喂母乳，从不缺席孩子的任何一次家长会。所以忙是对孩子漠视的理由吗？不是！

只有那些生而不养，对孩子不管不问的妈妈，才欠孩子一句"对不起"。她们也不只是欠孩子一句"对不起"，还欠自己一句"对不起"，不但不拿孩子的人生当回事，也不拿自己的人生当回事。

这个社会给女人的压力太大了，孩子们不缺内疚的妈妈，缺的是快乐的妈妈。你快乐，孩子才能快乐。别再给妈妈们念咒了，她们的人生选择或有不同，但是都在努力为孩子做到最好。她们为家庭为社会做出的每一点贡献，都应该被鼓励、被赞扬。

　　什么时候，父母子女之间，才能以平等的姿态站在一起，而不是动辄就谁欠了谁。我们是妈妈，但不是圣母，也不是超人。

　　从来就没有完美的母亲，也没有完美的孩子，我是第一次做妈妈，你也是第一次做宝宝，所以今生请多关照。

　　我们都是学着成长，成就更好的彼此，这不才是生命最美好的地方吗？

父母是造就孩子性格的
第一土壤

2017 年 12 月 25 日，备受瞩目的江歌案庭审进行到第五天。

这五天里，江歌妈妈强忍着内心的煎熬，去面对女儿惨死的一幕幕；陈世峰用虚假的眼泪，去装饰着一个杀人凶手的"悔意"；刘鑫则用一次次的谎言，演绎着人性的可怕与凉薄。

这场悲剧让我们见识到了陈世峰和刘鑫是如何的天造地设，在他们俩来来回回的对决中，你根本分辨不出谁比谁更邪恶。

在陈世峰漏洞百出的证词中，他说刺中江歌的第一刀是误伤，因为"不想给自己的父母带来经济负担"，所以只得选择彻底杀死江歌，又刺了九刀。

这是不是很容易让人联想起当年的药家鑫？

2010 年，他在杀死被撞倒的女服务员后，也说过类似的话。后续的采访中，媒体还原出了药家鑫的成长轨迹和家庭画像，从小生活在父亲的强权之下，被打压、被束缚、被掌控，直到被抓的时候，还怕见到爸爸。

在药家鑫爸爸的口中，药家鑫是个好孩子。而在陈世峰父母写给江歌妈妈的"道歉信"中，他们的儿子同样是个"读书认真、好学、对父母孝顺"的好孩子。

父母口中的好儿子，学校眼中的好学生，却成了凶残的杀人凶手。

相比于模糊的陈世峰，事件的另一个主角刘鑫透明得多。有人说刘鑫也是受害者，可是当你看到她接受采访和法庭作证时自相矛盾的话语，拼命为自己洗白的态度，你还会对她有丝毫的同情吗？江歌是为她而死啊。

开庭的第二天，曾经担任刘鑫法律顾问的"律师一姐"发了一条微博：由于和刘鑫沟通出现重大误解，双方同意解除个人法律顾问合同。

对于解除合同的原因，这位刘鑫的前律师还补充了这样一段话：

请律师，是每个公民的权利，任何人不可以剥夺！

但是，律师在维护你权益的时候，你在背后套路律师就不对了！

朋友在前面帮你迎敌，你在背后给了朋友一刀，难道朋友真的是用来出卖的吗？！

我突然觉得网上骂我骂得挺对的，什么人的委托都接，该骂！！！

很明显，所有人都被这个精致的利己主义者打败了，当然，除了她的父母。

你看了陈世峰父母写给江歌妈妈的那封不痛不痒的道歉信，你就会明白他们为什么会培养出一个杀人犯儿子；你听了刘鑫母亲在那声嘶力竭地骂"她短命了！她不是为了救俺闺女"，你就会明白为什么她如此精明的女儿被全国网民吊打审判。在凶残的陈世峰和冷漠的刘鑫背后站着的，是同样自私利己的父母，而他们才是这场悲剧的幕后凶手。

指责刘鑫、谩骂陈世峰是一件很简单的事，但比这更重要的是，我们需要知道，在教育孩子的过程中，如何避免成为他们父母那样的人。

当你用严酷苛刻的狼性教育打压孩子时，你是否想过他们幼小的心灵里那份仅存的安全感已经被彻底摧毁？

当你用无微不至的溺爱娇惯孩子时，你是否想过过度以自我为中心的他们将来会如何独自走向社会？

当你习惯教育孩子打架是男孩的天性时，你是否想过孩子被灌输的暴力倾向总有一天会向更弱者下手？

当你叮嘱孩子不要对别人施以援手时，你是否想过当有一天你的孩子需要帮助，也会受到同样的冷眼？

既然你会吐槽别人家的巨婴，就不该把自己的"有色保护"视为理所应当。家长是孩子的塑形师，拍向孩子身上的每一巴掌，都能听见回响。陈世峰的偏激狂躁，刘鑫的精致利己，都是在漫长的成长过程中慢慢积累下来的，而父母就是造就他们性格的第一土壤，父母什么样，孩子就会变成什么样。

我们不苛求培养一个十全十美的孩子，但是应该让他在成长的路上，学会责任和担当，学会自信和独立，学会爱和分享。

我们等待着江歌案的正义列席，恶人受惩，但更希望我们别成为"鑫峰"父母的模样。

送多少颗限量版钻石，
也不如给孩子一个有爱的世界

    曾有人问，你希望自己的孩子成为什么样的人？我脱口而出：扎克伯格。一丝犹豫都没有。

    当然，这不过是一个美好的愿望，我也绝不会越俎代庖替子女规划出任何一条"我希望的"人生路。每个孩子都有权成为自己想要成为的那个人，只要他有健全而独立的人格，选择什么样的路都应该被鼓励，被尊重。

    生子当如扎克伯格，绝不是因为他的富有，尽管他真的富可敌国。

    和其他富豪比，扎克伯格一直都是一个另类的存在。天天围在王思聪、汤珈铖的微博上喊"老公"的女孩们，应该没有太大的兴趣找一个扎克伯格这样的老公，即便他比他们还要有钱得多。

    没有一个顶级富豪过着像扎克伯格夫妇一样清汤寡水的生活，没保镖没豪宅没绯闻，开一辆折合成人民币都不到 10 万块的车，和娱乐圈、时尚圈永远绝缘。

曾在知乎上看到一个女人发帖问：相亲遇到的穿 T 恤、拖鞋、挤地铁却号称年薪 60 万的程序员是不是骗子？有人回复说：你看看扎克伯格。

明星往往难摘掉偶像包袱，资产则是一个富豪头上的紧箍咒，久而久之，快乐还不如普通人多。只有一个不被金钱名利奴役的人，才能有一颗真正自由的灵魂。

如何避免成为金钱的奴隶？首先你要很有钱，其次你要根本不在乎钱。做到第一点很难，做到第二点几乎是对人性的挑战，尤其是在仅仅三十一岁，普通人还远远没有看够、玩够、作够的年龄。

不知道为什么，我想起了另一个富豪刘銮雄。除了都有花不完的钱，两个人恐怕再难找出什么相似之处。一个出席任何场合都只穿一件灰 T 恤，一个把自己全身包裹在限量版的爱马仕里；一个娶了自己大学时代的女朋友，一个睡遍了全香港的女明星；一个只有做慈善时才难得上一次头条，一个是八卦杂志的常客。按照世俗的眼光，大刘过的，才叫真正有钱人的生活，否则辛辛苦苦赚钱干吗？

如今，他们又多了一个共同点，那就是都做了父亲，都是出了名的爱女儿，只不过，爱的方式大相径庭。

刘銮雄向女儿表达父爱的方式一如当年泡女明星一样简单粗暴：不停送钻石——一颗重达 12.03 克拉的稀有蓝钻就价值 4 亿港币，女儿刘秀桦年仅七岁，身价却高达 12 亿之多，全身上下珠光宝气，连新闻标题用的字眼都是"羡煞旁人"，网友的评论留言全是恨自己没有投对胎。

可是这样的一份爱，真的很厚重吗？对于一个有钱人来说，送钱，是再简单不过的事情。也许你会说，不要吃不到葡萄说葡萄酸，这份福气普通人几世也修不来。但是在一个七岁小女孩的世界里，她需要的并不是这些不能吃也不能玩，只能锁在保险箱里的"彩色玻璃"，而是像所有同龄的女孩一样，有一个幸福的家庭，一个能每天回家陪自己玩，给自己讲故事的爸爸。

身家是刘銮雄几倍的扎克伯格也送了女儿一份礼物，他宣布，将自己与妻子持有的市值约 450 亿美元的 99% 的 Facebook 股份捐赠给慈善机构，用以发展人类潜能和促进平等，同时休假两个月陪伴女儿。

在给刚刚出生的女儿 Max 的长信中，他说：

比起给你留下更大的一笔财富，我们更希望你能够在一个更美好的世界中长大。

爱你，就是把全世界的爱都给你。

看着扎克伯格晒出的夫妻合影，浓得化不开的恩爱隔着屏幕都要溢出来。一直很反感新闻报道加在普莉希拉身上的形容词：其貌不扬、相貌平平……在这个看脸的时代，好像富豪就非明星嫩模不娶，她嫁给他，是天大的高攀。事实上，再没有比他们更般配的夫妻。她和他学历、家世相当，思想、世界观合拍，她陪他走过创业低谷，鼓励他回馈社会。就像舒婷的那首《致橡树》，他们是以树的姿态站在一起。

再反观香港娱乐八卦中为数不多的刘銮雄与甘比牵手逛街的照片，甘比永远是一副低眉顺眼、战战兢兢、唯唯诺诺的苦相。流连花丛、左拥右抱的刘銮雄，甚至连一个健全、美满的家庭都给不了女儿，很难想象一个在畸形环境中长大的女孩，长大后该如何去学会爱，拥抱爱。

父母之爱子，则为之计深远。每当看到富二代吸毒、飙车、炫富的新闻，我就会想起《触龙说赵太后》里"富不过三代"的理论。这个理论常常被验证，总是听周围某某某感慨：想当年我曾爷爷富可敌国，家有良田万顷、奴婢几百，后来却家道中落，一分钱都没留下。有个朋友的表妹不到二十岁那年父母相继暴病身亡，留给她几栋别墅和千万财产，结果还不到五年，女孩已经沦落到借债度日。

不是没有例外，古今中外都有三代以上皆是名门的望族。财富能否传承的关键是你为孩子树立了怎样的价值观：你想把全世界的财富都留给他，最后却什么都留不下。你教他学会爱与责任和独立生存的能力，就是给了他一整个世界。

最近两年关于养孩子的争议一直沸沸扬扬，有人说穷就没资格养孩子，既然不能为孩子提供足够的物质条件，何必让其生下来就受苦。可是富如刘銮雄，同样没什么资格。爱与财富的多寡无关，金钱从来都不是一个人获准成为父母的入场券。

再多的蓝钻也不能换来永恒，你可以没有很多的钱，但是请给你的孩子温暖的家庭、健康的身体、长久的陪伴和足够多的爱。

爱孩子优秀的一面，
更要呵护他们脆弱的一面

最近几年一到放假，家长就成为社会新闻的主角，去年一篇《月薪三万，还是撑不起孩子的一个暑假》的文章占据了多少家长的朋友圈，今年关于游学团的讨论又再度来袭。

据《钱江晚报》报道，杭州的一个家长花了三个月工资，送六年级的儿子参加学校组织的英国游学团。

孩子妈妈说，每年寒暑假都会陪儿子在国内旅游，但出于时间和经济考虑，没去过国外。后来听说，全班只有儿子一个人没出过国，每次开学同学们交流假期生活的时候，儿子都插不上话。

孩子说，小学里最想完成的一个愿望，就是参加学校组织的游学活动。被逼无奈，这位家长花了三万块把孩子送进了游学团。

这个新闻让网友们吵成了一锅粥，有人说虚荣病态的教育观让人担忧，有人说家长焦虑不可取，有人说把穷娃富养不自量力，还有人把目光对准月入一万还敢哭穷的……

其实这个话题一点都不新鲜，从原来的孩子该不该穿名牌，上不上辅导班，到该不该上游学团，一路看下来就会发现，这么多年家长内心的焦虑一直都在，只不过是随着消费升级，表现形式发生了变化，而最终落点基本上都和钱有关。

单说游学团，客观分析我觉得没啥太大意义，明显圈钱的，基本等同于报团游，还比普通旅行团贵好几倍。

名校参观，景点留念，就别盘算着孩子出去一趟能学点啥。但是如果弥补了孩子的遗憾，解开了他的心结，我觉得那就有意义，有大意义。

大城市的孩子出国已经成了风潮，我一个朋友的孩子在北京某重点中学，班里因为旅行已经形成了"鄙视链"，欧美游的看不起日韩游的，日韩游的看不起国内游的，凭借旅行的档次人为划出了阶级。

那些说孩子不懂事的，好像你们在这个年龄的时候就很懂事一样，还不是天天追问自己妈：隔壁家小王他爸妈带他吃了肯德基，你啥时候带我去？

而且新闻里的孩子直到六年级才提出来想参加，已经比评论里吐槽孩子的成年人懂事多了。

这种事其实没有标准答案，我们都是被捆绑的。

比如让小孩子看手机、电视的坏处一大堆，但是别的孩子都看了也是显而易见的现实。所以当小孩们聊到某个游戏或者动画片，而你的孩子却一无所知时，他就是会自卑难过。

两权相较，我就选择让孩子适度看一会儿，让他拥有这份谈资。

再比如一起上学的小孩子别人家都开路虎、保时捷，最次也是BBA，你就骑个自行车，可能你觉得没什么，小孩的确不好受。

我之前在论坛上就看到一个帖子，帖主的孩子上个有名的国际学校，有一次学校组织义卖，家长都开车来把货放后备厢。

结果他那天开了一辆mini，在一众豪车里显得如此不起眼，一整天，自己的摊位无人问津，孩子一脸寥落，回家不停地追着妈妈问：“为什么他们都不来我的摊位啊？”

虚荣吗？虚荣。是人都有虚荣心。

小孩子之间提到某某家开宾利的那份羡慕，跟大人说某某家的小孩天天考第一的那股子眼馋，你说有啥不同吗？

我不觉得虚荣心就是一个纯粹的坏东西，这是一把双刃剑。同样是想买名牌，有人不顾自己实力，跑去借钱透支，这样的虚荣心就是有害的。但是当你愿意为了它而不断努力时，它就是你人生路上的助推器。

所以不要一味打压孩子的虚荣心、攀比心，而要去正视、理解，往良性的方向去引导。

老师家长一起做工作，不要助长攀比风，比如统一穿校服，禁止办生日会，禁止带200块以上的东西进校园，会好一点。但是从根上刹不住，因为这是人性的问题。

不要对小孩子之间的攀比草木皆兵，非要告诉他"咱们家的奥拓和别人家的奥迪其实完全一样""做人内心充实就富有""感谢贫穷，让我们更幸福"这样的心灵鸡汤。你骗得了自己，骗不了小孩子。

网络时代信息量很大的，而且小孩子之间的攀比压力往往来得更加直接和纯粹，不像成年人还会略加掩饰。

更何况，连成年人都承受不了与周围人群的落差，做不到自信豁达，凭什么要求三观还未建立的孩子去坦然面对呢？

孩子的自信心不是靠钱来建立的，但更不是靠苦难教育来建立的。能力范围之内，满足孩子适度的虚荣心，顺便鞭策自己多挣点钱。

如果你年入百万，自己有一柜子的包包，孩子只是想买个最新的手办，真没必要给他讲一大堆勤俭致富的道理。

杭州这个妈妈月入一万如果六年才送孩子去一次游学团，心疼是心疼了点，但其实也还在接受范围之内。月入两千，我觉得就算了吧。

能力范围之外，坦白跟孩子沟通。这一点特别重要。我不赞成人为的穷养，但也没必要打肿脸充胖子，明明是个普通人的生活水准，非让孩子活成个富二代。

孩子有了解家里真实情况的权利。你坦坦白白告诉他们，他们会理解你的。

要学会如何和孩子沟通，你不是成绩最好的那个，妈妈也还不是最有钱的那个，咱们一起努力，各自向高峰攀登。

让孩子多读书。

知识能解决很多问题，精神富足的孩子，攀比之心就小很多，因为他们已经不屑和同龄小孩去比。

如果既不想让孩子陷于物质攀比，也不想让孩子失去自信，也可以剑走偏锋，比如像这样：

我们心理学老师的孩子上小学以后，她也发现小学生对衣服鞋子的攀比很严重，但是她不想让他儿子去追求这些，然后她就带她儿子去干别的小朋友没干过的事，如看野猪、摸野猪等，然后她儿子就有可以回怼其他小朋友的了。

给孩子找点不一样的事去做，用不同寻常的经历来给孩子建立自信，让他成为一个很酷的人，让别人更关注孩子本身，而不是孩子的家庭，这更有助于在同学中树立威望。

爱孩子的前提是理解孩子，除了爱他们优秀的一面，更要呵护他们脆弱的一面。

这个世界不是属于有钱的父母，而是属于有心的父母。

允许孩子哭，
给他们情绪释放的出口

好像全天下的大人，都不太能见得孩子哭。

楼下一起看孩子的大人中，有一个做奶奶的，带着两岁的孙子，常常非打即骂。我听过的最多的一句话就是：不许哭。

孩子摔倒了，刚要扯开喉咙，奶奶劈头一巴掌打下去：自己站起来，哭什么哭。于是号啕改为抽泣，眼神里全是惊惧。

在这个奶奶心中，哭，是软弱和无能的表现，是在给自己丢人。

每次我带孩子去社区医院打疫苗，观察室里的嘶吼声哭叫声此起彼伏，从几个月到几岁的都有，而比这更常见的画风是，家长们苦口婆心地在一旁安慰，"不怕，一点都不疼""不哭了好不好""再哭人家该笑话你没出息了"……

小一点的孩子一脸茫然，妈妈说不疼，难道我刚才是错觉？大一点的孩子知道顶嘴，没扎到你身上当然一点都不疼。其实孩子的哭也不过是发泄，和大人被扎了心里暗叫一声"我去"一个道理。

孩子本来就是哭着来到这个世界上的。最初，哭是他们表达的唯一方式。我们从哭声中判断孩子饿了、渴了、困了、需要换尿布了、想要得到拥抱……

有一次，大圣从床上摔下来了，他哭得无比委屈，好像天都要塌下来了。我也手足无措，习惯性地对他说："乖，不哭。"可是越安慰，他哭得越凶。

我突然意识到，我让他不哭，只是为了自己能好受一点。对孩子而言，受了委屈，最大的释放莫过于痛哭一场。为什么不让他哭个够呢？

于是我轻轻抱着他，拍着他，任他在我的肩膀上颤抖，撕心裂肺地哭号。

哭声并没有持续多久，大概三分钟吧，肩头的声音渐渐小了下去，我试探着问："我们去吃西瓜好不好呀？"大圣的眼角还有泪珠，但是嘴角已经有了笑，带着渴望的眼神说："吃西瓜，吃西瓜。"

我知道，这件事彻彻底底过去了，毕竟，小孩子的忘性是很大的。从那之后，大圣再哭时，我不再对他说"不哭"两个字。

小孩子很聪明，他们每一个都是情感勒索的高手，有时候，哭也是一种手段。大圣每次提出什么不合理的要求而我没有满足时，他也会躺在地上撒泼打滚、号啕大哭。

　　我不会因此而妥协，但我允许他表达和释放自己的不开心。每当这种时候，我就静静地蹲下来，陪着他，等他宣泄完所有情绪，然后给他一个大大的拥抱，告诉他：我爱你。

　　不是所有的小孩都爱哭。每个孩子都有他独特的性格脾气，有些小孩因为一点小事就会哭起来，是俗称的"爱哭鬼"，还有的小孩则恰恰相反，很少哭。

　　泪点低的小孩容易被贴上标签，如果没有得到温柔对待，往往变得自卑懦弱，缺乏主见。你越是取笑、呵斥孩子，告诉他们"不许哭"，他们越是手足无措。

　　泪点高的孩子往往被忽视，我们想当然地以为他们很坚强，不需要被保护、被关注。但事实上，我不哭，不代表我开心。不爱哭的小孩，情绪被憋在心里，更容易抑郁。

　　是人都有负面情绪，无论爱不爱哭，这些情绪都要有一个释放的出口。哭只是表象，每一次哭泣都是成长，哭过之后才会更坚强。

　　学着去接纳孩子的哭泣吧，哪怕这个声音不够好听。

给孩子的爱，
与钱多钱少无关

提起林依轮，你能想到的标签是什么？

过气歌手——很久之前唱过《爱情鸟》，曾经红极一时，又慢慢淡出了娱乐圈；厨子——听说许多大人物贪恋他的卤大肠；顶级富豪——坐拥国贸几栋写字楼，周笔畅、周杰伦都是他的房客；收藏家——家里挂的画比房子还贵。

是不是令人佩服不已？但我觉得这些头衔都不是林依轮最成功的地方，他最厉害的还是培养了两个出色的儿子。

前段时间，林依轮的大儿子林子濠被曝考上全美排名第一的设计学院帕森斯，并获得了每年 1.2 万美元的奖学金。对于这个成绩，林依轮的表现还是比较谦虚（得意）的。

这有啥激动的？不也就是全美排名第一的设计学院，不也就是每季度一万两千美金的奖学金，不也就是和 Marc Jacobs，Anna Sui，Mengdi Wu，Alexander Wang，Jason Wu，Yohji Yamamoto，Donna Karan，Richard Chai，Narciso Rodriguez，Derek Lam，Doo Ri，Tom Ford 等等大师成了校友而已嘛！

而早前，林依轮的小儿子也考上了美国西岸最好的寄宿高中 Thacher High School。

以往一说起明星家的富二代我们都当花边八卦看，可林依轮家的儿子一出场，我们只能把人家当励志偶像看，老爸这么有钱，孩子还这么努力，作为普通人的我们还有什么脸天天"吃鸡"？

虽然我们不如林依轮那么豪，但是他的一些普世的育儿经验还是可以借鉴的，因为那些理念都是与物质无关的东西。从林依轮接受的采访中，我们提炼出了最难得、最重要，也是所有父母只要有心，都能做到的三点。

1. 学会管理欲望

早在 2015 年参加《变形计》的时候，有教养有才气的林子濠就圈了无数粉。这个两岁开始学英文、三岁开始学钢琴、八岁开始学羽毛球网球、十岁开始学拳击、去过的最穷的地方是广州的孩子，遇到困难时打开老爸准备的锦囊，结果看到的字眼是"一切靠自己吧"。

众所周知，来参加《变形计》的富家子基本上都是被娇纵坏了、劣迹斑斑、神仙也难救的，以至于林子濠去了之后很多观众大呼画风不对：这哪里需要改造？！林依轮曾经说过，让儿子参加《变形计》，就是想让他锻炼一下，感受一下穷苦人的生活。

虽然老爸是超级富豪，但是他每月也只有50元的生活费，被帕金斯录取这样大的喜事，本来林依轮想奖励一下儿子，可是林子濠却什么都不想要。用林依轮的话说，要杜绝儿子铺张浪费，让他们学会控制和管理欲望。

你会发现那些家里有钱而又会教育孩子的家长，从来都不会单纯地用物质来刺激孩子成长，相反越是家境一般的家长，越愿意用各种丰厚的物质来鼓励孩子，还美其名曰富养。他们不知道只有精神上的富足，才是能伴随孩子一生的财富。

2. 平等交流，给孩子设立界限

林依轮说，他对孩子的教育方式介于中西方之间，不大撒把，有收有放，不能让父母的思想凌驾于孩子之上，但是也要给孩子设立界限，就像放风筝，在既定空间内给孩子留有足够的自由。

两个儿子小的时候，林依轮就跟他们聊人生，从来不说类似"吃饭饭、睡觉觉"这样的话，都是用很平等的角度来对话。他从不粗暴地告诉孩子什么可以做，什么不可以，而是用心去引导。对于许多家长谈虎色变的早恋和性教育话题，他也会像个朋友似的和孩子聊。

他从不说别人家孩子有多厉害，只说要学习别人优秀的一面，不让孩子活在"别人家孩子"的阴影里，单凭这一点林依轮的育儿理念

就已经超越了中国一半以上的家长。

3. 夫妻相敬如宾，在孩子面前也保持彼此尊重

父母是孩子的第一任老师，他们的言传身教对于孩子的成长至关重要。据说林依轮从老婆怀孕开始，就尽心照顾，除了花时间陪儿子成长，还注重儿子的言行教育。"在孩子面前也保持尊重父母，礼让他人，这些我们从小就让孩子学习，从来不会说年纪小就无所谓。"

生活在一个充满爱的家庭环境里，孩子自然会建立起十足的安全感，而这对培养孩子良好的性格和健全的人格起着关键作用。

林依轮和选美出身的妻子西华是圈内特别低调的一对夫妻，结婚二十多年，相敬如宾，微博时不时就"互撩"，秀起恩爱来比年轻人还虐。此外，西华还是林依轮事业的"掌舵人"，林依轮的人生能有今天的成就，有一半归功于这位贤内助的太太。

即便在孩子的教育问题上再着急，也能互相理解，不互相指责。在父母的耳濡目染下，两个儿子拥有活泼开朗的性格显然是水到渠成。

这些看似简单的育儿经，凝聚了一个父亲最深沉的爱和智慧，对于每一个走心的父母而言，这些经验都同样适用。

别再为自己的懒找借口了，给孩子的爱，与钱多钱少无关。

父母失职的溺爱，
是对孩子最大的不尊重

2018年3月，网上流传一个视频，云南大理洱海边，成群的西伯利亚海鸥在与游人嬉戏，但画面中出现了不和谐的一幕，一个花衣男子举起棒子，将一只海鸥击落水中，旁边的孩子和大人欢呼雀跃。

警方很快抓到了视频中的这个男子，并给予了没收工具和罚款1500元的处罚。

关于一男游客在洱海边"棒打"海鸥的案情通报

2018年3月4日16时45分许，大理市公安局110指挥中心接群众报警称一男游客在洱海边"棒打"海鸥。指挥中心立即指令大理市森林公安局和辖区派出所调查处理，现将查处情况通报如下：

2018年3月4日16时许，彭某某（男，28岁，湖北省人）与朋友驾车到大理市银桥镇马久邑村洱海边游玩中，应小孩要求，遂用小孩手中的"金箍棒"打海鸥，造成一只海鸥受伤。18 时 30 分许彭某某被公安机关查获。

根据《中华人民共和国野生动物保护法》第四十六条第一款之规定，大理市森林公安局依法给予彭某某没收猎捕工具、罚款 1500 元的处罚。

公安机关呼吁广大游客文明出行，保护野生动物。

大理市森林公安局

2018 年 3 月 4 日

有意思的是，警方的情况通报中谈到，该男子的"作案动机"竟然是"应小孩要求"，呵呵，这还真是难得的"二十四孝老爸"了。

如果应海鸥的要求，应该先给他一棍子教他如何做一名有素质的游客，再来一棍子教他如何做一名负责任的父亲。

自己素质低也就算了，出了事居然拿孩子出来背锅，这就有点恬不知耻了。你俩到底谁是爸，谁是娃，孩子让你打海鸥你就打海鸥？

每次一出现与孩子有关的奇葩新闻，大家对熊孩子的厌恶之情就溢于言表。可是仔细观察你会发现，每一个捣乱的熊孩子背后，都站着一个脑残手贱的家长。这世上并不是熊孩子太多，而是熊家长太多。他们以满足孩子的名义，践行着自己的失职教育，还会习惯性地把自己的所作所为曲解为爱。

父母的能力是有限的，但孩子的欲求是无限的，你要做的是去教会孩子管理自己的欲望，而不是有条件要满足，没条件创造条件也要满足。

今天孩子想要海鸥，你就给打海鸥，明天孩子想要花，你就去摘花，后天他想要星星呢？父母不明是非，不辨对错，对孩子无底线地宠溺和包容，这才是造成熊孩子横行的根源所在。

我想起一个朋友的吐槽，她去逛元宵灯会，遇到了一对熊父子。灯会上有一个猜灯谜赢灯笼的活动，各种卡通造型的小灯笼吸引了不少孩子和家长。游戏刚开始不久，有个五六岁的男孩看到别的小朋友猜中了灯谜拿到了灯笼，一下子就着急了，一边哭哭唧唧和旁边的爸爸抱怨，"我的孙悟空要被人抢走了"，一边上手就抢。

旁边人说："小朋友你这样不对呀！"结果人家孩子爸来了一句："小孩子拿个破灯笼怎么了！你家的呀？"然后，在周围群众的一脸不解中，父子俩大言不惭面不改色地拿着灯笼走了……

孩子一定觉得他爸爸挺牛的，能在那么多人的质疑声中保护他抢了一个灯笼，男人也一定觉得自己的父爱挺伟大的，给孩子争了脸面，没有让孩子失望。

2017 年有个读者曾经转给我一篇写母亲的文章，我看完感觉自己三观都要崩坏了。

作者的母亲是个薛甄珠似的人物，深爱着自家孩子，像母鸡保护小鸡一样。她没文化、没教养，为了蝇头小利撒泼打滚耍无赖，教孩子偷鸡摸狗撒谎，却在艰难的日子里给了孩子最大的温情和感动。文章中那种母子情深的情绪流动确实挺动人，但我不知道如果大家都学这个母亲，社会得变成什么样子？

为了进一步体现母子情深，作者还写了自己长大后和母亲相处的片段，母亲在菜市场跟小贩发生了冲突，作者自己也承认，是母亲先骂的对方，然后被对方抽了一个耳光，作者见状毫不犹豫地给了小贩一板砖，打得对方鲜血直流。

我觉得他今天还能坐着写文章，还得庆幸自己运气好，人家没追究、没送他进监狱吧。母亲这种只要自己和家人得利怎么做都行，道德、法律、公序良俗都可以不顾的观念已经深入他的骨髓，他认为这就是人间大爱：我妈妈是个混蛋，那又怎样，她爱我。好骄傲哦！

咱们先抛下道德、法律和公序良俗不谈，这真的是爱吗？真的是人间深情吗？别逗了，如果这算爱的话，那也是最低层次、最不值钱的爱。

把孩子往死里打或者使劲惯，都是最简单也是最顺手的教育方式。两种方式都不用动脑子，一种抬手就打，张嘴就骂；一种好人做到底，好好好，行行行，拿去花。

世界上没有两片一模一样的叶子，也没有两个一模一样的孩子，但是选择前面两种教育模式，你完全不用去观察他的状态和心态，不用和他建立共情，也不用去思考怎样才是对他最好的教育。

每个孩子都会有千奇百怪的要求，但是所有的要求都殊途同归，那就是爱，需要与被需要。

我想起 2017 年夏天带大圣去动物园，他第一次见到关在玻璃房里的猴子和猩猩时，兴奋地敲着玻璃窗大叫。我知道他没有恶意，敲窗只是他想与小动物互动的方式，他并不懂这对于它们来说是伤害，这就需要我蹲下来，拿起他的小手，用讲解分散他的注意力，然后告诉他：宝贝，敲窗会吓到小动物，你冲着这只猴子招招手，它一定会看到你的。

这样教育，当然很累，不会像放任不理那样轻松，也不会像上来就给俩耳光那么立竿见影。那一路，我反复了不知道多少次，每次都保持同样的温柔，同样的坚定，一遍又一遍。但是慢慢地，我惊喜地发现，他真的不再用小手敲窗了，而是趴在窗边开开心心地往里看。

当孩子指挥你去打海鸥时，你根本没有考虑过孩子背后的潜台词并不是去伤害海鸥，而是这些大鸟很好玩，我想和它们一起玩。你大可以引导孩子和海鸥招手、拍照，和海鸥一起奔跑，这是教育孩子热爱自然尊重生命的最好机会，而不是真的拿着棒子去打鸟。

巨婴都是被溺爱浇灌大的。简·尼尔森在《正面管教》中写道：溺爱而不帮助孩子充分发挥他们的潜能，是对孩子最大的不尊重。

在中国，最需要教育的其实不是孩子，而是父母。你不能荫蔽孩子一辈子，别再打着爱的"旗号"害他们了。

中国式亲情里，
最该独立的是孩子妈妈

2018年7月，朱雨辰的妈妈火了，风头甚至大过了近两年都没有露脸拍过戏的儿子。

在湖南台的一档真人秀节目中，朱雨辰的妈妈荡气回肠地发表了一番"宠子宣言"，她说："我是用自己的生命去对待儿子的，我完全没有自我。"

她说，儿子的每段感情她都知道，并且还一定要干预。

她还说，女的就应该做贤妻良母，承担自己的责任。

此言一出，大张伟和他的小伙伴们都惊呆了。

朱妈妈的伟大当然不是只停留在豪言壮语上，她是这么说的，也是这么做的：

一个人顶两个菲佣，凌晨四点起床给儿子煮梨汤，一煮就是十年；

片场拍戏，朱妈妈会进剧组洗衣服做饭；会手抄儿子发的微博，甚至连短信都要抄在本子上；送朱雨辰上大学，担心墙上的爬山虎有虫子，想拿开水烫死爬山虎……

记得当年那碗刷屏的番茄炒蛋吗？我觉得男主角真该找朱雨辰来演，他妈妈买张机票跑去给儿子做，都是有可能的。

我觉得，有这样的声音放出来，其实不是什么坏事，多元化的社会就应该允许多元化的声音。俞飞鸿代表了一种女性，朱妈妈代表了另一种，每一种声音都值得被讨论。

但是对于朱雨辰来说，有这样一个妈妈，几乎是一种恐怖了。

比如朱妈妈每天都会给儿子榨果汁，一天两瓶，晚上回家一定要把空瓶带回来证明自己喝完了，特别渴了想喝水都不行，必须喝果汁。

我蛮费解的，因为这也不是健康的生活方式啊（果汁中大量的糖不能为人体所吸收，而是从肾脏排出，长期过量饮用，可能导致肾脏病变，产生一种称作"果汁尿"的病症。另外，过多摄入果糖还可能引起消化不良和酸中毒现象。妈妈们，科学育儿才是大前提啊）。

所以，朱妈妈这是爱孩子吗？这完全是霸道强势，不讲道理啊。

还有一次，朱妈妈炒了盆鸡毛菜，北京大冬天鸡毛菜不好买，她自己舍不得吃，全留给儿子吃，但偏偏儿子并不想吃。朱妈妈就急了，开始给儿子亲情绑架了：儿啊，你看妈妈为了给你做鸡毛菜，手都裂口了啊。

这是明显的反黄金原则，育儿最大的忌讳，觉得自己付出了多少，孩子都得照单全收，如果对方不喜欢，就是没良心的白眼狼。

很多妈妈非常喜欢陷入这种自我感动中，无法自拔，继而心生怨恨：我这么苦都是为了你，你怎么可以不领情？

所以我常说，做妈妈的，得自己先快乐，才能给孩子快乐。即便是付出，也应该是建立在快乐的、心甘情愿的基础上的付出，而不是牺牲。你都这么苦兮兮了，他怎么去笑对人生？

朱妈妈保养得其实不错，年轻时应该是个美人，大把好时光不去享受人生，全耗在了跟儿子较劲上，我看着都难受。

据说，因为这些事，朱雨辰跟他妈妈没少吵架。别小瞧这些鸡毛蒜皮的小事，逼疯一个人的，恰恰是这些不起眼的日常小事。

2010 年朱雨辰和妈妈、姐姐一起参加《超级访问》时，朱雨辰就很无奈地表示经常跟妈妈发脾气，有一次他特别愤怒，直接说：咱俩没法过了，你会把我搞死。

如果说这还只是小事，那么朱妈妈在朱雨辰感情上的深度参与，就真的影响到了儿子的终身幸福。

她自己也承认：儿子的每一段感情，虽然嘴上说"你喜欢就好"，但其实都会干预。

相亲角里，朱妈妈这样的未来婆婆简直多如牛毛，拿选妃的标准去选媳，不知道的真以为他们家有皇位要继承：属羊的女孩不能要，手凉脚凉的不能要，不会做饭的不能要，打耳洞的不能要……

还有的标准更神奇：必须要四大名校毕业的女孩，但是收入还不能太高……

看久了，你都不知道到底是谁在找对象。

朱妈妈的标准是这类妈妈挑媳妇的通用标准："我特别相信第一眼印象，尤其喜欢淑女型的女生……你不能在长辈面前过于轻浮！"

就冲这一条，朱雨辰的初恋、演过大尺度《色戒》的汤唯就可以直接被 pass 掉了。按朱妈妈的标准，这是在几亿观众面前都轻浮了。

朱妈妈的意识里：男女分工不同，女的就应该做贤妻良母，既然把你娶进门了，既然你愿意进这个家，你就该担起你的责任。你嫁进来了就是这个角色！

"娶进门"这句话本身就带着一股子浓浓的居高临下不平等的味道，嫁进我们家，就是我们家的人，你连你自己都不是了。

和汤唯无疾而终后，朱雨辰还真找到了一个特别会做饭、特别符合朱妈妈择媳标准的女孩——姜妍，结果还是没能走到最后。

在一次节目中，朱雨辰说两个人吵架时，姜妍会问他："你找我不会就是因为我会做饭、会照顾人吧？"

可见，有那么个强势的妈妈，儿子完全不受影响是不可能的。

我觉得，婚姻里谁做饭做家务这些本来真没有什么所谓，反正不是你做就是我做，女方一般更擅长（我是个例外）就女方做，非要证明男女平等让男的把一锅饭都做煳了也没意思。

但是必须先拎清楚一件事：我是你爱人不是你佣人，我做这些是因为我爱你，不是因为这些是天经地义的。天底下，没有朱妈妈所谓的"女人必须伺候男人"这样的道理。

我对朱雨辰的印象其实一直还不错，挺阳光一个大男孩，当年借着《奋斗》的东风，也是红过一阵的，这几年销声匿迹不知道干吗去了，我猜可能妈妈连儿子接什么戏也要插一脚吧。

朱雨辰从事的职业叫演员，行业的特殊性就决定了很难认识圈外的女孩，而圈内的同行，我看没几个符合朱妈妈的标准。所以朱妈妈如今昭告天下自己的正宫婆婆地位，还真是不怕儿子孤独终老。

古往今来，多少感情都是"死"于婆婆的干涉。

婆婆本来其实对婚姻一点都不重要。我婆婆跟我距离远，我们这些年统共见面还不到十回，逢年过节问候一下，她连我的工作是什么都说不清楚，只要她儿子喜欢就可以了。这种清淡如水的关系，双方都不会有任何压力。

但是偏偏很多婆婆，通过怒刷存在感的方式，参与到人家夫妻生活的方方面面，让自己变得很重要。

我有个旅美的朋友，婆婆超级强势，什么都要干预。前不久她一个人回国，明明北京有房子，但是到处找地方借住，有家不敢回，因为婆婆跟自己住在一个楼。没办法，新时代独立女性也怕恶婆婆。

所以恋爱的时候一定要长点心，如果他妈妈整天把"我儿子""我老公"挂在嘴边，你就要小心点。

反过来，如果他开口闭口就是"我妈"也要注意了，最好的恋爱状态就是跟你在一块以后乐得连亲妈姓什么都忘了。谈恋爱，就是咱们两个人的事。

能让儿子"娶了媳妇忘了娘"的，才是好婆婆，因为她们懂得得体地退出。而且，她们有自己的人生，不需要通过儿子来实现自己的人生价值。

朱妈妈对待儿子早已超越了照顾的范畴，从日常生活，到爱情婚姻，甚至人生观、世界观，儿子的一点一滴都要有自己的参与，完全是赤裸裸的控制。

过度的无私就是自私，因为你根本就不是为了孩子，而是为了成全自己所谓的伟大。

虽然朱妈妈说自己完全没有自我，但是讲真，我觉得她心里全是自我，没给儿子留一点空间。她用"我以为"的方式去爱儿子，压根没考虑过孩子想要的是什么。

不要做孩子的连体婴，中国式亲情里，最该独立的不是孩子，而是他们的妈妈。生儿育女，原本就是为了一场分别。

母爱很伟大，但是别把它变成母害。对于孩子，我们缺的从来不是付出，而是对付出的克制。

"中国式爱孩子"
是怎么变成"中国式害孩子"的

2017 年 9 月，一个学姐转给了我一篇文章，直呼太有感触了。我一看，文章讲述了作者高中的班主任，几年间五次给她打电话，托她照顾自己正在上大学的女儿、帮女儿找研究生导师、帮女儿找工作、帮女儿完成工作量……

作者并没有真的帮上忙，而这个女儿也没有求助过作者，考研找工作靠的都是自己。自始至终，都是这个班主任的一厢情愿。

学姐说，去年他们招聘，收到了一大堆简历，然后接到了一位问询结果的电话。打电话的不是应聘者本人，而是他的妈妈。大家好奇之下就特意把简历翻出来看了一下，不突出也不算太差，可面可不面。正犹豫要不要面一下，这个妈妈又一个电话打来了，希望他们能主动给自己孩子打一个电话邀请他来面试。

这一来，他们彻底放弃了这个求职者。一个连面试这么小的事都要靠家长的人，谁还敢要？

我猜，这个求职者可能并不知道自己妈妈背后的"神助攻"。

这样父母帮倒忙的例子，真是数也数不过来。我一个读者前一阵和公司同事闹别扭，委屈得不行，回到家就跟父母倾诉。本来嘛，就是抱怨发泄一下，说完也就算了，班还得照上，关系也要照处。但是呢，她爸爸特别生气，觉得闺女在单位被挤对了，一个电话打到了老板那里，要求处理那个女同事，给自己女儿主持公道。

若是刚毕业的小姑娘也就算了，这个女读者，已经三十三岁了，还停留在学生时代"告老师""告家长"的思维模式下，让老板怎么想，让其他同事怎么想？结果显而易见啊，老板本来对这件事各打五十大板，但是看到这么大的人还叫自己爸爸来打电话，立马对她产生了厌恶，其他同事也开始排挤她，她在公司的路更难走了。

这件事，父女俩都有问题。女儿这么大的人了，还不能独立，遇到点委屈就要找父母，为什么呢？因为家人替自己"出头"惯了，形成了依赖。至于这个父亲，就更该反思了，你这哪里是帮孩子，分明是害孩子啊！

我曾经写过，不要随便给孩子贴标签，他们是非常容易接受暗示的。父母越是不肯放手，觉得孩子这也不行那也不行，最后孩子还真的就这也不行那也不行了。包办式家庭培养巨婴，巨婴反过来又让父母不得不大包大揽，这是个恶性循环。

爱与控制之间的那条线不是很明显，所以一不注意就会跑偏。父母一厢情愿插手子女生活的背后，是界限感的模糊，而究其本质，则是父母对自己的谜之自信和对子女的不相信。

在很多中国父母眼里，孩子多大了都是自己的孩子，都逃不出自己的五指山。他们的内心深处不太能接受那个曾经需要自己喂饭，教走路，教识字的小不点，有一天身体比自己更强壮，学识比自己更丰富，见识比自己更广。他们就是不敢，也不肯相信，这个曾经在自己双翼之下的孩子，可以有一天比自己飞得更高。

父母可以不相信孩子到什么程度？

我有一个发小，从小到大上学、工作、恋爱全都被父亲一手包办了，天天被父亲打压，活在"别人家孩子"的阴影之下。这个姑娘长相甜美，性格好，人缘也不错，在单位其实吃得很开。但是仅仅因为上学那会儿成绩不好，不属于优秀的那一类，所以父亲就认定了女儿很废，做什么都不行。

当初，女孩本来有一个感情很好的初恋，男生家世、长相都不错。但是父亲不同意，觉得这样的男生怎么能看上自己女儿呢？强拆了。他跟女儿说了两个原则，一是不许帅，二是不准有钱。

这个父亲的用心，不可谓不良苦，他一厢情愿地认为，女儿根本没有自己寻找幸福的能力，只有在自己的庇护下，才能过好这一生。很快，女儿就和一个由他指定的，各方面都不合适的男人结了婚，这段婚姻维系了还不到两年，就告吹了，两个人无性也无爱，没有任何共同语言。

　　发小说，离婚后她整个人都轻松了，那年春节，初恋发来祝福短信，他问："你过得好吗？"她说："我离婚了。"兜兜转转这么久，那个人还在原地。这一次，父亲没敢再说一句话。

　　结局还是蛮美好的，他们又在一起了，如今已经结婚有了孩子，朋友圈时不时晒一下幸福，好像想拼命找回失去的那两年。她再也不是当年那只唯父命是从的小绵羊，现在的她特别知道自己要什么。

　　一直很喜欢一句话，"父母之爱子，则为之计深远"。有多少父母将其奉为真理，却误解了它真正的含义。计深远，不是在你有限的能力范围内，殚精竭虑地为子女安排好一生，而是学会放手，信任他们，让他们拥有掌握幸福的能力。你没有能力护他们一辈子周全，最终能保护他们的，还得是他们自己。

　　为人父母，比照顾孩子长大更难的，是学会得体地退出。不要做孩子成长路上的绊脚石和"猪队友"，请坚信，他们一定会拥有比我们更加幸福的人生。

　　就像龙应台说的，你站立在小路的这一端，看着他逐渐消失在小路转弯的地方，他用背影默默告诉你：

　　不必追。

像爱自己一样
爱孩子

我在谈到父母打孩子的文章里说过打孩子是无能的表现，要解决问题而不是解决孩子。还是有人不太能接受这样的观点：你说得容易，你孩子乖那是你运气好，你根本不懂难管的孩子是什么样的，这种就是要打。

对于这一类不愿做任何改变让自己变得更好，只想去控制孩子的父母，任何文章都是对牛弹琴，他们只会陷入无尽的抱怨：天底下最不乖的小孩怎么就被我倒霉遇上了？

还有一类，是有心无力的。比如经常有读者跟我表达自己的无奈，前一秒还看娃像天使，后一秒就被惹毛了，知道发脾气不好，可是总忍不住。

他们很不解地问："斑马，你到底是怎么做到不对孩子发火的？"

没关系，我们都不是圣人，有脾气很正常，关键是怎么去调解，有一个正确的出口，咱们就来谈谈情绪的自我管理。

我在很多文章里都强调过爱孩子，爱孩子是前提，没有爱，你绝不可能指望对着这些小怪兽、小恶魔有耐心，但是只靠爱不行，还要有技巧。

不能简单粗暴地归类：脾气差就是对孩子没有爱。除了爱的方式不对外，跟个人的天性也有很大关系。

有些人黏液质，天生好脾气，耐受性真是奇高，比如我们家老笨，很少有事情会真的惹毛他。这类人不太需要专门学习怎么控制情绪，凡事都有自己的一套节拍。

但是我不行，我偏胆汁质，不控制情绪很容易急。气质类型是天生的不能改，也无好坏之分，但是性格绝对是可以改变的。

1. 改变不合理认知

心理咨询里有一种方法叫"合理情绪疗法"，基本理念就是ABC。A是指诱发性事件；B是指个体在遇到诱发事件之后相应而生的信念，即他对这一事件的看法、解释和评价；C是指特定情景下，个体的情绪及行为结果。通常人们认为，人的情绪的行为反应是直接由诱发性事件A引起的，即A引起了C。

但是在ABC理论中，诱发性事件A只是引起情绪及行为反应的间接原因，而人们对诱发性事件所持的信念、看法、理解B才是引起人的情绪及行为反应的直接原因。不合理的信念会导致不适当的情绪和行为反应，而治疗的方法就是"和不合理情绪辩论"，改变不合理认知。

举个例子，孩子把花瓶打碎了，这就是 A；"他为什么总是不听话，捣乱，搞破坏，看来不打不行了"，这就是 B；而你之后的一系列发脾气、打孩子的行为，就是 C。

所以你真正需要纠正的不是孩子，而是你的观念。打碎花瓶并不是错误，而是孩子探索世界的方式，你已经知道了地心引力的道理，可是孩子不知道，你需要给他们时间。至于惩罚，孩子们因为喜欢这个花瓶才想去摆弄，所以还有什么比心爱的花瓶碎了更大的惩罚吗？这个惩罚已经够大，他会自责难过的。倒是你狠狠地把孩子打一顿，反而抵消了这种内疚自责。

另一个不合理信念，是你想要一个百依百顺的"乖宝宝"。但事实上，如果一个孩子过分顺从依赖，并不是一件好事。你要做的是尊重孩子的天性并加以引导，鼓励孩子发展自己的独立人格和创造性思维，而不是磨灭他们的个性，把他们装进千篇一律的模具。

2. 学会放松，给自己放个假

住房压力大，工作压力大，养娃压力大，幼儿园不放心，食品安全不放心，教育不放心，空气质量不放心……说实话，这一届的中国父母压力太大了。久而久之，一部分压力就转移到了子女身上。

所以我建议学会自我放松，旅行、健身、看电影、练瑜伽、冥想……找个自己喜欢的兴趣爱好，是很好的放松方式。一个杯子沉不沉，不只取决于杯子自身的重量，更取决于你拿了多久。育儿这个杯子，也许你端了太久，是时候放个假，先将它放下了。

特别是对于很多全职妈妈而言，要学会离开，学会"甩锅"，照顾孩子是夫妻共同的任务，你让哪个妈妈 24 小时无间断一个人对着孩子，她都会有崩溃的那一天。

对于亲自带孩子的夫妻来说，偶尔把孩子送到老人那里待几天，暂时忘掉自己为人父母的身份，享受一下难得的二人时光，也是不错的选择。

3. 像爱自己一样爱孩子

怎么样，是不是看蒙了：斑马，你是不是说反了，父母最爱的不是孩子吗？

错，每个人最爱的，其实还是自己，每个人对自己才是最宽容的。比如那些管不住脾气，一生气抬手就打孩子的，你见他什么时候一犯错误就抽自己了？你总是太轻易原谅自己，却拿圣人的标准来要求孩子。

生气了对孩子一顿拳打脚踢，气消了一句"对不起，妈妈（爸爸）不该对你发脾气"。这是很多父母通常的做法。

所以我的建议就是，把孩子当作自己。想想自己当年是不是就真比孩子做得更好呢，如果同样的错误自己能犯，为什么就不能给孩子一次机会？

我的朋友天天被她的儿子六一惹毛了，还不解地跑来问我：你到底是怎么做到不发脾气的？太难了！

我说很简单啊，大圣一笑起来，实在太像我。我就当自己在照魔镜，穿越了，对着三十年前的自己，还气得起来吗？当然不！

更多的时候，我把自己变小了，变得很小很小，跟孩子一样大，用他们的高度，他们的视角，去丈量这个世界，一切就迎刃而解。我们都曾经是孩子，只是不知不觉都忘了。

六岁以前的孩子就是以游戏为主，什么事情在他们眼里都是玩，咬人是好玩，乱扔东西是好玩，大吵大闹还是好玩。我会和他撒开欢一起玩，在地上打滚，任他把我画成大花脸，不顾形象，不顾作为一个长辈的权威。他笑着把东西扔一地，我就笑着再跟他玩捡东西的游戏。我妈常常无奈地说：两个人来疯。

可是就因为这样，我们母子之间才建立起非一般的信任，我说话，他才会听。我们去动物园，他好奇敲玻璃窗，因为觉得好玩。我做出嘘的动作，告诉他不要吓到小动物，大圣立马就会笑着收起手。

你说这样累吗？其实把自己变成孩子，比板起一副面孔说教要轻松得多。笑是会感染的，听多了那些咯咯咯，没心没肺的笑，脾气真的会自然而然变好。当你给自己太多压力时，你活得太像个大人了。

带孩子有很多技巧，数不清的育儿书和公众号会教你各种方法，这些都很有用，但是当你看得足够多时，我建议你把它们烂在肚子里，然后统统忘掉，用你那颗心，贴紧孩子的心，发自内心地爱他们，去听见花开的声音。

第五章

学习的态度与兴趣
比学会了什么更紧要

就孩子的学习而言，过去我们太注重孩子学会了什么，考了多少分数，却几乎完全忽略了孩子对"学"本身的兴趣，反而让孩子对原本爱好、想去学的东西，慢慢失去了兴趣。

少一些功利，多一些耐心，
让孩子慢慢来

    我的一个朋友住进了医院待产，离预产期还有半个月，但是她和家人已经等不及了，托人给医生塞了红包，坚决要做剖宫产。8月31号凌晨，我在朋友圈动态中刷出了她的孩子出生的消息，配的文字是，"终于赶在开学之前成功打卡了"。

    对于预产期是9月份的准妈妈来说，8月31号这个日子注定是令人纠结的，往前一步是"新学生"，退后一步是"留级生"，与其百感交集地等着瓜熟蒂落，还不如剖一刀彻底解脱。

    一个在医院妇产科工作的朋友说，她们那里每年一到8月底，就会扎堆出现一批剖宫产妈妈，拦都拦不住，她见过最夸张的是10月份预产期的……这一切都源于教育部的一个规定：8月31日前满6周岁的儿童可以上小学，不满的就只能等到下一年。

为了能让孩子提前一年上学，当妈的也真是拼了。

或许是因为张爱玲的那句"出名要趁早"，或许是受三味书屋里鲁迅课桌上的那个"早"字熏陶，反正在一些妈妈的脑海里，凡事都得赶早不赶晚。起跑线越画越短，甚至连孩子在子宫里的时间都得精减，40 周太长，37 周不短。

我对剖宫产没有任何偏见，可是为了让孩子早上学挨一刀真觉得不值啊。

你要说早买房的都赚了我认，但是早上学这事除了让孩子早受"摧残"以外，我还真没看出来哪里赚。

先列举一下大家公认的早上学的好处吧：

小孩子能够专心学习排除杂念。

如果高考考不好，复读一年也不吃亏。

早点把孩子送学校父母早点省心，不然在家里又得陪伴又得教育，太累。

早上学就能早毕业，早毕业就能早结婚，早结婚就能早抱孙子。

比同年级孩子小，别人会说自己培养有方，有面子。

……

咱们就逐条来看看。

先说排除杂念，年纪小和想法少真画不上等号，六岁的孩子和七岁的孩子 PK，智力、身体都有很大差距，绝对是落下风的，先不说会不会受欺负，单是自理能力、接受能力和理解能力上就会落后同班同学很多，只有当"小弟"的份儿，孩子的自信心会受到很大的打击。

其次如果早上学是为了高考复读，起跑线拉那么早也没什么意义啊，马拉松先跑不算赢，先到终点的那个才是赢家。况且很多研究都已经证明晚上学比早上学的好处要多。

比如斯坦福大学教授托马斯·第（Thomas Dee）就曾做过一项研究，研究人员问卷调查了上万名丹麦父母，他们的孩子一般六岁入读学前班，七岁读小学一年级，这些孩子更少出现注意力涣散症状及多动行为，而这会影响到自律性的提升，从而影响学业成就，这种效应一直持续到十一岁。

研究还证实，推迟入学年龄仅一岁，便能使十一岁的儿童，对比普通孩子的注意力涣散症状及多动行为降低了 73%！

最后，所谓父母省心不就是为了偷懒吗？谁说早毕业就能早结婚生子，身边那么多单身看不到吗？再说培养孩子就是为了培养脸面吗？既然那么功利还生孩子干吗？买彩票去啊，投入少见效快，还能支持一下福彩事业呢！所以让孩子早上学充其量也就是感动了自己，对孩子真没啥好处。

中国式父母一向缺乏耐心，特别喜欢催，根本等不及孩子慢慢成长，古有揠苗助长，今有剖宫助学。成年人被催着结婚生孩子，未成年人被催着报培训班，现在轮到新生儿被催着提前面世，简直可以写一部大型魔幻讽刺小说了。

少一些功利，多一些耐心，让孩子慢慢来，人生那么长，抢跑这一年真没必要。方向搞错了，先跑有啥用？

坐在斜阳浅照的石阶上，望着这个眼睛清亮的小孩专心地做一件事：是的，我愿意等上一辈子的时间，让他从从容容地把这个蝴蝶结扎好，用他五岁的手指。

这是龙应台在《孩子你慢慢来》中写的一段话，送给那些着急让孩子上学的妈妈吧！

你自己天天玩手机，
还指望孩子考第一

　　我怀孕那会儿认识了个两岁男孩的妈妈，她生完孩子就辞职了，一家人靠老公一个月一万冒头的工资生活，美其名曰给孩子最好的爱就是陪伴。可是她所谓的陪伴，有一天我终于见识到了。孩子在地上疯跑，她在玩手机，一眼没看住，孩子一头磕到了长凳上，脑袋当时就挂彩了。孩子妈妈吓得手足无措，一边着急一边自我埋怨："又大意了，这个月第三次事故了。"

　　讲真，我不知道她到底是在陪伴孩子，还是陪伴手机。我真想说，你还不如去上班呢，起码还能挣点钱。

　　每一个熊孩子的背后，都有一个对他漠不关心的熊家长。

　　曾经我写过一篇讨论熊孩子的文章《面对熊孩子，别再对我说"等你有了孩子"》，那会儿我没孩子，一大拨家长气势汹汹地跑来跟我说，小孩子根本就控制不了好吗？特别是一岁前的孩子，你管管试试啊！

是的，几个月大的孩子，的确喜怒无常，做了妈后，我经常都是筋疲力尽。带圣宝到商场、超市买东西，有时小家伙的确不给面子，无缘无故就开始大声啼哭。但是每到这个时候，我就会一边卖力地抱他哄他，一边向打扰到的周围人表达歉意。至少我目前取得的经验是，少则一两分钟，多则四五分钟，他一定会重新归于安静、平静和满足。

我也认真观察过那些任孩子大吵大叫甚至撕心裂肺哭闹一个多小时的家长，真不是小孩情绪难控制，多数时候他们压根没有想过去管理孩子的情绪，大部分时候他们要么在聊天，要么在自顾自地玩手机。

看上去他们的确在陪伴孩子，事实上，孩子的需求完全无法得到回应。

我一亲戚家孩子今年上小学五年级，因为成绩垫底被老师"特别关照"。再这样下去怎么小升初！亲戚这才着了急，暑假时各种家教补习班报了一个遍，什么贵报什么。然而，孩子越来越打蔫，根本没兴趣上，倒是一天到晚捧着一个平板电脑打游戏无比有激情。

有一天亲戚怒了，把平板电脑摔烂了，这一下掀起了轩然大波，孩子差点没离家出走。我说你这又是何苦，孩子也是有样学样，父母的一言一行将来都会投射到孩子的身上。你是个低头族，孩子就会成为手机控；你是个爱学习的爸爸，孩子也会成为学霸；你是个有品位的妈妈，孩子品位也不会差。如今你天天玩手机，还指望孩子考第一，怎么可能呢?

　　我曾不止一次在朋友圈看到过那个《放下手机,重归世界》的公益广告,当广告中的小女孩与放下手机的爸爸深情对视时,暖暖的爱意简直要爆屏,然而那些感动得鼻涕一把泪一把转发到朋友圈的人如今依然每天十几条的状态刷着屏。

　　"别人都要生二胎,我爸妈不用了,因为他们已经有了小儿子——手机……"这是一个六年级小学生在全国少儿诗会中夺得一等奖的作品,不知道当他父母得知这个消息的时候是觉得骄傲还是心存愧疚。

　　说实话,80后、90后这一代父母对孩子的爱确实是情真意切,自己从小经历过独生子女的孤独,于是做了父母后,拼命地想把自己身上不曾拥有过的情感一股脑倾注到新生命里。他们舍得给孩子买最好的玩具,喝最贵的奶粉,穿价格不菲的衣服,报昂贵的学前教育班。

　　他们理所当然地认为这些是给孩子最好的东西,却看到那些发生在自己身上似曾相识的画面如今再一次发生在了孩子身上——是的,亲子关系又陷入了变相的"我都是为你好"的怪圈。

　　天下鲜有不爱孩子的父母,虽然爱的起点相同,但是表达方式却有千万种。我们总会把"陪伴是最长情的告白"这样的词句用到滥,却又经常以陪伴之名,行冷落之实,美其名曰放任孩子自由生长,实际却只是为自己的忙里偷闲找个说辞。

　　什么才是高质量的陪伴?

　　2016 年年初我见了一个在行的咨询者，与其说她跟我咨询，其实我从她身上学到的东西更多。这是一个特别认真的妈妈，也有一个正在上小学的孩子。她告诉我，从孩子一出生，"我对她说的每一句话都是经过大脑的"。她带着孩子看卡片、认字、背诗词，为了鼓励女儿养成记日记的习惯，她自己示范，每天为女儿写一封信。

　　龙应台说，做父母，最不该偷懒那十年。考不考第一并不重要，重要的是让孩子在爱与陪伴中成长，慢慢养成热爱学习的习惯和独立思考的能力。成绩是一时的，爱是伴随孩子一生的。

别把孩子
当作巴甫洛夫的狗

　　猴年宝宝特别多，好像一夜之间大家都当上了爸爸妈妈，除了初为人父、为人母的那份欣喜，还有彼此间的暗暗较劲。

　　2016年，圣宝出生那一阵，圣宝的爸爸回到家，特别焦虑地跟我说，同事的孩子刚出生七天就会抬脖子了，咱们儿子怎么还不会？没过几天，他又跑来跟我说，XXX的孩子据说都会爬了。我白了他一眼：三翻六坐九爬，这是铁一般的生长规律，圣宝才两个月，急什么？

　　这不是我先生一个人的问题，唯恐孩子输在起跑线上，似乎是这个时代的通病。过去比谁家孩子成绩好、工作好、嫁得好也就算了，如今起跑线越划越提前，连走路说话这些都要拿出来比较一番。我认识的妈妈里，有一个就特别热衷于播报自己孩子的天赋异禀，今天"我女儿俩月已经会翻身了"，明天"我女儿才两个半月已经会叫妈妈了"。搞得其他几个差不多月龄孩子的母亲以为自己的孩子是不是发育迟缓。

这是一个急功近利的社会，教育子女也在奉行效率至上，连走路、说话这样每个孩子都迟早要会的事情也要着急。恨不能给孩子喂一颗速效成长丸，抑或魔法棒一挥，宝宝就能变大、变漂亮。

孩子如何不输在起跑线上？事实上，起跑线本身就是一个谬论。人生不是短跑，是一场漫长的马拉松，没有哪个马拉松选手会傻得从一开始就抢跑。与此同时，几乎所有的家长却都在期待着发令枪一响自己的孩子就能冲锋在前。

有一阵我妈特别兴奋发我一视频，非要让我看。我一看，又是个典型的"别人家孩子"。电视里的小孩才四五岁，说起话来头头是道俨然一副小大人的模样，谙熟五位数以上加减法，深得一众评委喜爱。旁白说，小孩对数学有着极强的天赋。小孩对着镜头激动万分地说：我长大要当数学家。

我说瞎扯，速算什么时候跟数学画上等号了？充其量，就是对数字有点敏感，再加上后天技巧上的培训，做到并不难。

我无意抹杀一个孩子的梦想，我也愿祝福他有志者事竟成。但这到底是不是他的梦想呢？很难说得清，这是一个典型的"训练"出来的孩子。

在中国，几乎从一个小孩呱呱坠地开始，他／她的家长就已经在酝酿着如何训练这个小孩，恨不能把《孙子兵法》《三十六计》全给用上。孩子如何才能听话？市面上，光以这个为核心思想的育儿书就能翻出一大摞。培养一个听话的孩子，不是为了孩子好，而是让自己省事省心。

我们家圣宝是西尔斯笔下的高需求宝宝，放下就哭，饿了一秒钟都不能等，肠绞痛的时候可以号上一整宿，我们家人轮流抱着他，每个人都长期挂着一对黑眼圈。于是我的朋友们争先恐后地给我分享各种让孩子安静的方法，有人说，哭就放下，安静了再抱起来。有人说，除了生病、拉尿、吃奶，剩下的时间哭下天也不要理他，慢慢他就安静了。还有人跟我讲养成"抱睡"习惯的危害，听了半天，除了会让家长比较累，我并没听出会对孩子有什么不良影响。

我愿意相信这些建议的善意，可是它们每一条都残忍得可怕，有位妈妈甚至告诉我，因为无论如何都不能让自己几个月大的儿子安静下来，她曾听凭宝宝在床上哭吼了半个多小时，直到他哭晕过去，"世界终于安静了"。

我不敢想象这是在面对一个刚刚出生，还对这个世界一无所知的孩子。听上去，这更像是在针对一个阶级敌人，或是在驯养一条狗。

对，一条狗。我想起了那条有名的，巴甫洛夫的狗。

心理学家巴甫洛夫做过一个著名实验，他每次给狗送食物以前都要响起铃声，于是一段时间后，铃声一响，狗就开始流口水。

不知道有多少孩子曾经像巴甫洛夫的狗一样被训练着长大成人，

吵闹时被怒喝、安静了被夸赞，成绩好可以得到奖励、成绩不好就换来一顿毒打，越是不喜欢的东西越要被强迫接受，因为你的父母怕你学会"挑肥拣瘦"。渐渐地，我们形成了条件反射，学着彬彬有礼，学着崇尚权威，学着按照父辈的期待去努力成长，可是偏偏学不会真正去爱这个世界。我们对强者奉若神明，我们对弱者建起一堵冷漠的高墙，挣多少个一百万，也抹不去心中那团戾气。

当一个家长沾沾自喜于自己的驯子之术时，也在一点一点地剥夺着一个孩子最宝贵的安全感。

也许有人会说，教养何错之有，千百年来都是这么传承下来的，棍棒底下出孝子，宠爱放纵，只会培养出熊孩子。事实上，宠爱和放纵，从来不是相提并论的一回事，那些没有家教、无视他人感受的孩子，才恰恰是缺乏父爱母爱的产物。他们是粗暴教育的另一个极端，漠视孩子的成长，对其不闻不问。有一年我坐火车，旁边的三岁小孩哭闹了足足四个小时的车程，他的家长始终熟视无睹，低头摆弄手机，没有尝试哪怕一次，停下来，和自己的孩子聊聊天，了解一下他内心深处的真正需求。

很感谢我的儿子，让我学会怎么更好去爱。每次抱着他，我并不觉得是一件麻烦，我觉得好像在拥抱整个世界。他开始学会笑，学会用眼神去跟我们交流。他并没有如他人所说，养成抱睡的习惯，反而哭闹的时间越来越少。他不再用最初的号啕大哭来表达自己的饥饿，而是取而代之以小小的、软绵绵的、温柔的哭声，更像是在对我们撒娇。

钱可以把孩子宠坏，但是爱不会。孩子们并不需要那么多锦衣华服，饕餮大餐，他们的世界很容易满足，有时，他们只想你能多那么一点耐心，少一点功利心。

别把孩子当巴甫洛夫的狗，请允许他们去做自己。

最可怕的性教育
叫"把孩子送进女德学校"

一次，我在路上听到一对母女在拌嘴，女孩大概看上去也就十岁的样子，不知道她们因为什么吵，只记得那个母亲说了一句话："你再不听话，我也找一个网上说的女德学校把你送进去。"

旁边路过的我听完这话顿时心里一凉，但愿那个母亲是在开玩笑，但即便是玩笑，把自己的孩子送进女德学校，也是我听过的最恐怖的笑话。

2017 年闹得沸沸扬扬的抚顺女德班因为一则视频被吹上了风口浪尖，又因教育局的一纸停办令消失在了公众视野。

女德班里还不乏"名师"，比如著名演员丁嘉丽、1987 版《红楼梦》里妙玉的扮演者姬玉等。在曝出的视频中，我觉得最令人心寒的并不是"点外卖的女生没有妇德"这样的反智言论，而是那几个被家长送入女德学校接受所谓传统教育并当众痛哭忏悔的孩子。

有的女的为了不刷碗干脆点外卖，你不知道你已经丧失了妇道。

女人就得做到少说话，多干活，一定要闭上自己的嘴。

男为天，女为地，女子就不应该往上走，就应该在最底层。

女强人的下场都不好。

打不还手，骂不还口，逆来顺受，坚决不离。

丈夫不是在打骂你，是在成就你。

三精成一毒，专伤不洁女。

当我们大声疾呼把性教育提上日程时，有那么一群家长，他们也在给孩子进行着"性教育"，教育的方式就是将正处于性懵懂年龄的孩子送进女德班，告诉他们：你无耻，你下贱，你自甘堕落。

女教师对一个九岁的男孩大谈特谈手淫的危害，危言耸听地表示手淫会让人残疾。

还有女孩当众下跪磕头高喊"爸妈我错了，我再也不看黄色录像了"，坐在台下的父母一脸欣慰，这是多么讽刺的一幅画面啊。

我实在想象不出，这些把孩子送到女德学校的父母是出于怎样的一种心情。如果说那些自愿去学习女德的成年人是咎由自取，那这些无辜的孩子犯了什么错呢？如果有错，唯一的错大概就是他们投错了胎。

这世界上从来都不缺冷笑话，从杨永信的戒网瘾培训班，到被关停的豫章书院，再到如今的传统文化学校，每一个都像一条条带着血刺的鞭子，抽打在那些为人父母的脸上。

　　把孩子送进女德班的父母，比开设女德班的人还要坏。不只坏，而且又蠢又自私。他们从未把子女当成独立的个体看待，而是视为自己的私属物品，他们不仅掌握了孩子的DNA，还试图可以自由改造孩子的思想和灵魂。而当这一切不能达成时，就想方设法地摧毁孩子的意志，甚至不惜把自己的孩子送进囚笼，只为求一个听话。

　　青春期，性冲动、性自慰、对性的好奇，都是再正常不过的事情，父母发现后，不是对孩子疏通引导，进行性教育，而是将性视作洪水猛兽，把孩子拉到这样的地方公开羞辱，这对孩子的影响是终身的，这是比肉体惩罚更严酷的一种徒刑。

　　手淫能导致残疾？怎么还有这种胡说八道！？科学实验早就验证了，除非频繁、过度、自残式的自慰，否则不会对身体造成任何影响，更遑论残疾了。况且，性需求和吃饭一样，饱了就不会再进食，没有人会一天到晚往嘴里塞东西，除非天生性瘾者，其他也没有人会一天到晚沉迷自慰无法自拔。

　　当然，自慰也的确可能对孩子造成"伤害"，比如当家长视性如洪水猛兽时，孩子进行自慰时会充满负罪感，感觉对不起父母，长期处于内疚中，无形中造成了巨大的身心压力。所以说，这个伤害，是心理上的，不是生理上的，父母和社会舆论才是伤害之源。

　　尊重、理解、共情，是每一个父母都应该学的一堂课，特别是面对青春期的孩子。当他们开始对性萌发好奇时，不要怕、不要慌，这说明他们在成长。不是他们学坏了，而是他们长大了。

他们的认知还是孩子阶段，可是他们的诉求是活得像个大人，他们希望被当成成年人一样看待。面对这个阶段的孩子，父母要做的，不是板起一副面孔说教，更不是送到女德班洗脑，而是给孩子充分的自由和空间，在不让孩子难堪的情况下，给他们提供尽可能的帮助，帮他们实现青春期的过渡。

对性多一些了解，绝不是坏事。荷兰有性都之称，性开放到难以想象，可是荷兰女孩的堕胎率却全世界倒数，原因就是性教育做得足够好，她们从小就懂得保护自己。

我曾经看过一篇文章，讲一个妈妈无意中发现了上中学的儿子在自慰，她假装不知情，悄悄在沙发上"遗漏"了一套性教育的光碟后出门了。回家时，光碟显然被看过了，但又原封不动地放了回去，还多了一本日记，里面记录了儿子在性方面的困惑。妈妈又去找书籍和光碟，母子俩心照不宣地通过这种方式交流，儿子渐渐向母亲袒露心扉，顺利度过了青春期。

一把钥匙开一把锁，不必照本宣科学习这位母亲，每个家庭都有最适合自己的亲子教育方式，但是无论什么样的方式，都记住一句话：别把孩子不当孩子，别把孩子太当孩子。

一岁多的宝宝
是如何认识 500 个字的

大圣 14 个月左右开始认字，18 个月的时候我们统计了一下，已经认识了 500 个字，会背十几首诗。

关于教孩子认字，其实业界是有争议的。一些主流观点认为，孩子三岁前的记忆方式是以图片式的记忆为主，孩子分辨字的能力很弱，看字如看画，并不会区别字的笔画和结构，并不会理解字的含义，认识一个字只是机械的，从轮廓上概略式地认识。

至于民间还有些说法，认为孩子过早认字长大会对学习失去兴趣，不好好读书，这一点毫无科学依据，不足为信，我们就不讨论了。

就说说第一点吧，孩子三岁前的确以图片记忆为主，但是每个孩子发展状况是不同的。仅从学知识角度，早识两天字和晚识两天字，并没有太大区别，反正这些字早晚都会认得，认字并不是为了让孩子

"赢在起跑线"，也不是为了给父母增添炫耀资本。如果因为这一点而强迫孩子识字，百弊而无一利，甚至近乎残忍。

但是对于一些对图片、文字特别敏感的孩子，识字恰恰是一个非常好的挖掘机会，如果能够巧妙把握住，对孩子的记忆能力是一个非常好的训练，教育应该走在发展前面。

所以我今天把教大圣认字的过程分享给感兴趣的家长们，仅给大家提供一个参考，对于有些并不认同教三岁前孩子识字理念的父母，也绝不勉强。

大圣的识字就源于一次意外发现。他学说话并不算非常早，14个月那会儿，统共也不会太多发音，有一次我妈指着绘本上的一个"哈"字随口念给大圣听，没想到第二天，大圣竟然自己指着字喊"哈哈哈"。后来我们又试着教了他几个字，发现他轻轻松松都记住了。

不要小看一岁大的宝宝，有时候他们的记忆力真的超乎你的想象，只有想不到，没有记不到。

我们教大圣认字既不定时也不定量，既没有计划也没有任务。教具简单得不能再简单，就是小药盒、小食品盒等包装盒，扔了多可惜呀，我妈就把这些小盒子都剪成小卡片，在上面写上字教大圣认，方便又环保。

当时我们家有一大盒朋友送的识字卡片，看上去很精致，但是却并不适合一岁多的孩子。因为这些识字卡片一面是字，另一面是图，用这些卡片教他认，发现他更爱看图，可是有些图跟相应的字是这么小的宝宝无法联想的。比如"上"字卡片上是一个圆桌上面坐着一只小熊，"头"字卡片上是一个小孩戴着帽子，大圣会指着上字的卡片说小熊，指着头字的卡片说哥哥。对于三岁以内的孩子来说，他们理不清这里面的逻辑关系，所以对识字来说是一种干扰。

后来我们就干脆把这些识字卡片先搁置一边，用自己制作的卡片教他，没有了配图，他的精力只能集中在字上面了。就像前边所说，三岁前的孩子以记图为主，中国汉字以象形为主，看字同样等于看图。

大圣的识字是伴随着发音走的，会叫爸爸妈妈，就教给他认爸爸妈妈，会叫爷爷奶奶就教他认爷爷奶奶。刚学说话的时候，几天发一个音，也就几天认一个字，能发多少音就认多少字，后来到了语言的爆发期，会说得多了，字也认不过来了。更惊喜的是这个月龄的宝宝已经能把字与事物联想了，前几天我们带他去打疫苗，回来一周后教他认识一个苗字，我妈跟他说禾苗，他又补上"疫苗"。

教一岁多的宝宝识字，一定是以玩为主，寓教于乐的，不止识字，是全方位地给宝宝增强认知。

比如认识"爬"字的起源是一首儿歌《蜗牛与黄鹂鸟》。大圣一听这歌就边用手比画边喊"爬，爬"，我们就在画板上给大圣画蜗牛的简笔画，同时教他认识"爬"字（这里还要很自豪地说，我妈写了一手好字，还会画简笔画，这也是大圣的福气），同时我们会在雨后带大圣去潮湿的地方寻找真正的蜗牛。

再比如"娃"和"哈"字，我妈跟大圣边玩布娃娃边教，说娃娃笑了，娃娃怎么笑啊？哈哈。为了让识字变得更有趣，我们每次带他出去玩回来，就会问他，你今天出去都看到谁了？都跟谁一起玩了？然后再把这些小朋友的名字写出来教他认。

大圣爱吃，吃东西也是教育的最好时机，一边给他吃东西，一边拿着对应的字教他，学得那叫一个快。

总结起来就是六个字：随时、随地、随机。

说到这里可能会有人问，认识这么多字，能记住吗？会不会忘啊？其实真不会。就像他认识了哪个是爸爸哪个是妈妈哪个是香蕉哪个是苹果一样，真正记在脑海里的，不会忘。

这么小的宝宝也是喜欢被夸奖的，每当大圣学会认一个字，我们都会给他鼓掌点赞。认错了确切地说是认混了也不立即给他纠正，比如他认识兔字，有一次我妈带他在外面玩时他看到墙上有一个免字，他便指着说：兔。我们就鼓励他说"你真棒"。等他会说"免"了，我们再教他"免"字，让他认识到"免"字与"兔"字的区别。

教大圣识字最大的作用在于让我真正意识到，婴幼儿的潜力是多么巨大，三十岁的我，记性已经差到看见什么转眼就忘，但一岁的大圣，真的可以做到过目不忘，学习能力惊人。按照蒙台梭利女士的说法，三岁前的宝宝，有强大的吸收能力和对知识的消化能力。

我们要教给小孩子的，绝不是知识本身，而是培养他们对文字的天然敏感，开发他们的智力，打开他们的头脑大门，建立他们的记忆宫殿。

《唐人街探案》里，刘昊然扮演的秦风记忆力惊人，有"人肉摄像机"的称号。事实上，记忆能力有先天因素，但更多是童年的培养和强化。

必须强调，这么小的宝宝记忆力非常好，专注度却远不及大孩子，他们不会也不能长时间集中精力学习认字，短则几分钟就腻，长也通常不会超过半个小时。所以一旦宝宝流露出不耐烦或抗拒，就要立即换成下一个游戏，转移他们的注意力，不要对认字产生抗拒心理。

至于认多认少、早认晚认都不能代表什么，别攀比，只要宝宝认得高兴、玩得开心就好，不要以一颗功利心看待这件事。

了解我的读者都知道，我从来都不信奉什么狼性教育，主张尊重孩子的天性和自身发展规律。但是给孩子快乐童年也绝不代表漠视和散养，宝宝之间有个体差异，每个孩子都有自己独特的优势，家长们要善于观察和挖掘，根据自家宝宝的兴趣爱好特点与宝宝交流互动。

别强逼他们做不擅长的事，也绝不要浪费了他们的天赋，愿每个宝宝都能在游戏中收获，在快乐中成长。

"你怎么这么笨"
到底伤了多少孩子

几乎所有的大人在吐槽孩子的那一刻，都忘了自己也曾经是个孩子。

前两天我就见证了一个妈妈是怎么骂孩子的。一个看上去也就两岁的小女孩吧，吃葡萄不会吐籽，做妈妈的演示到第三次依旧未果后，当下开启了炸毛模式：

"怎么那么笨呢，还要和你说多少次？你看比你小的 XX 和 XX 都会吐了，不吐别吃了。"然后一把就将孩子手里的葡萄夺了下来。

小女孩被吼得一脸蒙，半晌才想起来哭。妈妈却扬扬自得地和旁人炫耀自己的教育方式："小孩子就是不能由着她性子来，之前她吃饭不会用勺子，我吼了几次就会了……"

看着大哭不止的小女孩，我心里特别不是滋味。

你吃了几十年的葡萄，吐个籽当然容易得很，小孩子又不是从娘胎里就吃这些东西，再着急也得有个学习的过程吧。

况且会了能怎样，不会又怎样，难道吐籽是啥人生必备技能吗？我就喜欢连籽一起嚼，吃个葡萄而已，总归有会的时候，急什么呢？大不了不吃就是。

我妈也经常陷入焦虑，开口闭口喜欢说：你看那个谁谁谁都会了（某项技能），大圣怎么就是不会？

我就不以为然，慌什么？一辈子这么长，早晚都有会的那一天。

"你怎么那么笨，这么简单的东西都学不会。"

这句话绝对是很多孩子的童年噩梦，缺乏耐心的成年人很容易步入一个误区：只要他们认为某事简单得不得了，就想当然地认为对孩子来说也一定很简单，一旦事态没有朝着大人想要的方向发展，那一定是孩子的错，轻则冷嘲热讽，重则气急败坏。

利用自己经验上的优势，来对孩子发动各种降维打击，这一招已经被许多父母练得炉火纯青。

这情景特别像在游戏里，骨灰级玩家对新手菜鸟的暴击。一个99级的英雄当然体会不到1级新手在荒原上打怪的难度有多大，一个成人也无法理解一个孩子掌握一项新技能的过程有多难。

他们假装忘记了自己当年学这些东西时有多难，被骂时有多无助。

最典型的就是辅导小孩子写作业这件事，为啥孩子年级越高，父母吼得越少？才不是因为孩子大了要留面子了，而是他们越来越插不上话了。

当他们自己也早已把各种公式定理推论方法忘得精光，看着孩子的习题集如同天书的时候，就再也说不出"这么简单你都不会"了。

只有当孩子成绩出来不理想的时候，他们才能祭出自己的大招："我这么辛苦供你读书，你就给我考这么点分，对得起谁啊？"

对孩子吼叫，往往只能彰显大人的无能。

因为他们想要输出的，和孩子想要接收的压根就是两种不同的东西，大人要的是结果，孩子要的是过程。

孩子不是编好码的机器，这边一敲键盘，那边就按照指令开始打印，他们的学习和成长，不只需要空间和时间，更需要正确的引导和鼓励。

大圣两岁整的时候，周围几个比他小的孩子都会双脚跳了，我们也着过急，每天和个僵尸似的天天在孩子面前展示双脚跳，甚至连蹦床都往家里搬，可他根本不理这一茬。

有一次大圣坐在沙发上看《小猪佩奇》，里面有跳泥坑的环节，我一看机会来了，赶紧说，大圣想不想和佩奇一起跳泥坑，小家伙自己下来扑腾扑腾几下就跳起来了。

喜的是他终于解锁了双脚跳技能，忧的是他现在一出门见到水坑、泥坑拉都拉不住。

大圣刚刚开始画画的时候，画得手上脚上地上哪哪都是，我妈常常苦不堪言。

这是成长的必经阶段，这个时候的孩子没有边界意识，不会控制线条，靠父母的叫和教，都是没用的，尽管站在成年人的角度，这是多么简单的一件事啊。

不久后，我惊喜地发现，他懂得画在纸上了。相信我，对于一个两岁的孩子来说，这一点都不简单。

养孩子最有趣的地方就在于你可以补回成长缺失的这一课，见证一朵花开。

我不是个脾气很好的人，可能这辈子全部的耐心都给了孩子。有一次，他把我几千块的美容仪扔进了灌了水的浴缸里，泡了大半天我才发现。我若无其事地捡起来，也只不过对大圣说了一句：这个不是玩具，不能扔进水里。

老笨问，你真的一次都没生过大圣的气吗？我说，真的一次都没有。

不是我心大，而是我自问自己两岁的时候，绝不会比他做得更好。

所以无论他出了什么问题，我都会先反思自己，比如贵重东西为什么不收好，而是放在他随手可以拿到的地方？浴缸的水为什么没有及时放掉？

跟一个孩子生气较劲，把他吓到哇哇哭，是你的无能。让他永远在幸福中成长、进步，才是能力。

我们一起玩的时候，我每次都要蹲下，把自己放低，再放低。你会发现，你过去和孩子所看到的，根本就不是同一个世界。

中国的父母，永远都太刻板，太高高在上。你<mark>为什么一定要让孩子怕你，而不是爱你呢?</mark>

爱把"你怎么这么笨"挂在嘴边的父母，笨的不是孩子，而是你。

有时候我觉得我不是对着我的孩子，而是穿越回了三十年前，对着那个小小小小的自己，我拉着那只小手：别怕，我会领着你一步一步向前走。

谁还不曾是个宝宝呢?

我们推崇董卿爸爸的魔鬼教育，
到底在推崇什么

1. 极度缺乏安全感的她们

中国留学生毕习习（又作毕曦希）被外籍男友马修斯打死的消息传遍了华人圈，死因是多次严重的钝性受伤。

这是个很优秀的女孩，十五岁就到牛津求学，会四国语言，还有传言是某集团前总裁之女，身家过百亿。

案发当天，毕习习去伦敦看望朋友，其朋友发现毕的脸上有很多瘀青。

《每日邮报》报道称，18日晚上，毕习习被其男友马修斯从卡迪夫火车站接回公寓。其间，马修斯看到毕习习手机上一个约会网站的信息后，抱怨毕习习不关心自己，两人随之发生争吵。两人在争吵中拳脚相向，马修斯在毕习习睡着后仍继续殴打，最终致其死亡。

尸检显示毕习习身上 41 处受伤，包括下颌骨和多条肋骨骨折，身体大片瘀青，送医后因心搏停止而死亡。

毕习习对人高马大的空手道黑带马修斯是一见钟情，恋爱期间，为对方送礼物、买车、交房租，可惜一片痴心换来的却是一次次拳打脚踢。法医报告披露的细节让人的头皮一阵阵发麻：她的肋骨多处骨折，颚骨破裂，身体多处瘀青，还有不少正在愈合的伤口，是之前殴打留下的伤口。

有人说，不要在垃圾桶里找男友。有人说，家暴只有 0 次和 100 次，第一次打你就应该走。还有人说，真的不要再以貌取人了，英俊的人渣也一抓一大把。

是的，这些说法都对，可我还是感到痛心。毕习习的脸书头像，至今还是两个人的亲密合影，如果不是被打死，她大概还会继续忍耐，继续麻痹自己吧。受虐倾向的背后，是安全感的极度缺乏。她渴望有一个孔武有力的人来爱自己、保护自己，哪怕换来的只是伤痕累累。

一个十五岁就只身一人来到欧洲求学的富二代，不缺吃穿，不缺华服，独独只缺爱。这类女孩，无论多优秀，内心深处仍是深深的自卑，她恐惧他的暴戾，但更恐惧的是他的离开。她们看不到自己有多好，遇见爱情，永远只会低到尘埃里。

我一下子就想到了阿黛尔·雨果的故事，雨果的小女儿阿黛尔继承了父亲的才华和母亲的美貌，就连刻薄成性的巴尔扎克也不止一次赞美她的长相。可惜这个公主一样的女孩从小活在姐姐的阴影里，又因与父母长期分隔两地，造成了异常敏感的性格。

三十一岁那年，她邂逅了军人皮尚，原本只是对方眼中的一段露水情缘，却被她紧紧当成救命稻草抓在手里不放，跟随大半生，颠沛流离，活在自己幻想的世界里，死缠烂打，直至发疯。

2. 我们关注的不该只是那一个走出来的董卿

2017 年初左先生和右先生火了，有篇文章写得挺有意思：什么左先生、右先生，我看你缺个爸爸。

和很多中国男人都想找个妈对应的，是更多的中国女人都想嫁个爸。妈宝男整天被批判，倒是嫁个爸成了中国女人婚嫁指南。说来说去，两者都是成长过程中爱的缺失。

缺爱的情况有两种，一种是冷漠，一种是严苛。一种是爸爸妈妈永远在"吃瓜"，另一种恰恰相反，是一心要让子女成才的虎妈狼爸。我们已经学会了批判前者，可是很可惜，至今我们都在歌颂后者。

《中国诗词大会》除了捧红了武亦姝，也让央视一姐董卿成了国民女神，就连她的成长故事都成为教育的成功案例，我真的倒吸了一口凉气。有篇文章题目是这样写的，"虎爸之下董卿的童年：一识字就背诗词、不许照镜子、初中开始打工，一度怀疑是否亲生"，文章通篇基本算是在歌颂父爱，是的，要感谢这样严酷的父亲，董卿才能博览群书，这大概是大家关注的焦点吧。

与之类似的还有丁俊晖的爸爸、郎朗的爸爸，全都是成功教育的典范，以至于每每我谈到家庭温暖对孩子有多重要时，总有人会举出这样的例子反驳：别总拿原生家庭说事，你看，打成这样，孩子也没变态啊，但是如果不打，怎么可能像现在这么优秀呢？

可是我注意到的却是这样的描写：一个女孩，在最爱美的年纪却连镜子都不允许照，最痛苦的就是吃饭，一上桌就要被父亲数落。一提到父亲给自己留下的童年阴影，这个优雅淡定的女主持就潸然泪下。

然而就是这样一个近乎残忍的故事，却因为主人公最后的成名，就带上了一层光环。

你看到的是一个走出来的、被无限放大的董卿，你看不到的，是千万个一生就此被毁掉的董卿。

3. 天才与普通人的选择

神童魏永康曾经轰动一时，两岁掌握 1000 多个汉字，四岁基本学完了初中课程，八岁进入县属重点中学读书，十三岁高分考入湘潭大学物理系，十七岁考入中科院高能物理研究所硕博连读。

这一切当然要归功于他的虎妈、一心想要儿子成才的曾雪梅，她把全部的精力都投在了儿子的教育上，曾经是国内备受瞩目的成功案例。然而令人扼腕的是，精神世界的长期被忽视让魏永康无法融入人群，也无法自主安排自己的学习和生活，他活在痛苦和压抑中，没多久就被劝退了。

如今，魏永康已经娶妻生子，过上了普通人的生活，媒体曾做过一次追访，尽管曾雪梅依然希望按照自己的方法把孙子培养成才，然而魏永康夫妇却坚定地表示只希望孩子去过普通人的生活。

最让我动容的是这样一个细节：魏永康每次回家，都知道给家人带些礼物，没事的时候就爱拉着儿子、女儿的手，然后一直微笑。

他被媒体捧上过神坛，又被粗暴地拉了下来，如今他比谁都珍视做一个普通人的机会，他比谁都享受父亲的角色。

可惜太多的虎妈狼爸们仍然重复着曾雪梅走过的路，希望孩子成为下一个郎朗、董卿、丁俊晖。不知道他们什么时候才能明白：成功和幸福根本就不是一回事；抑或他们一早就明白，却只要自己的孩子成功。

4. 成功崇拜背后的丛林法则

成功崇拜的背后是对丛林法则的信奉，是最残酷的生存逻辑——生而为人，必须优秀。

不少人都有这样的认知：不经历风雨怎么见彩虹，从小被棍棒打大的、经历过层层挫折的孩子才能更优秀，更坚强独立。我曾经分享过一篇呼吁不要逗孩子、呵护孩子稚嫩的自尊心的文章，不止一个人跑出来留言说，孩子如果"逗逗"都不行，那怎么成长，否则只会培养出玻璃心。

这个观念，不知道误导了多少家长。他们就像传说中的老鹰，对挫折教育深信不疑，狠着心把孩子推到悬崖边，以为这样他们才会一飞冲天。董卿初中就打工，毕习习十五岁远赴异国他乡。看上去，她们比谁都独立。

总有人说，英雄多磨难，文章憎命达，有时越是命途多舛的人，越能成就大事，于是多受打击就和内心坚强画上了等号。

你看到的，是一个人的优秀成功，淡定从容，你看不到的，是午夜梦回时他一个人流过的眼泪。这样的坚强，统统都是假象。

我曾经就特别"坚强"，我家人奉行的就是和董卿父亲类似的狼性教育。因为我知道没有人帮我，我要咬牙自己熬过去，有问题，我不敢也不愿求助，永远习惯了自己站起来。我厌恶一切卖惨，也讨厌动辄就拿自己的经历说事，按我父亲的说法，我有时理性到残酷。我不是坚强，我只是被迫坚强，但是我悲观厌世，一点小事，就会让我直接想到死亡。

我从九岁就开始期待自己的死亡，最大的梦想就是可以一觉睡下之后再也醒不来，十八岁之前，我觉得自己就是另一个太宰治。可是没人知道这件事，他们看到的就是一个坚强乐观开朗的女孩，我在人前比谁都爱笑。

认识老笨后，才是我真正眷恋人生的开始，我能像个孩子一样在他面前放肆地哭，放肆展示自己的脆弱。

我写下这样的文字绝不是为了声讨我的父亲母亲，他们直至今日仍然认为，逼孩子去成功，就是对他最好的爱。

如果只从结果论的角度，我一路走得其实还不错，中间有弯路，但最后竟然都能圆回来。所以我自己也曾对父辈这套残酷的狼性教育深以为然，孩子就是要这样带，才能出成绩，才能经历风雨。直到我怀了孕，感受到这个小小的生命在我的肚子里翻滚踢腾，我问自己，我对这个孩子有什么期待。那一刻我竟然开始恐惧，我没有想过他可以成为谁，但是我最怕他成为下一个我。

后来，我读了那本对我影响甚深的《无条件养育》，整本书可以用一句话来总结：没有敌意的坚决，不含诱惑的深情。

我养育你，是因为而且只因为我是你的母亲，我爱你，我要你幸福，而不是成为我心中的样子。我想要什么样的人生，我自己去完成，你只需对自己负责，用你喜欢的方式去过好一生。这才是真正的爱，宽阔爱你，偏颇爱你。

"敏感"不是一个贬义词，很多人就是因为足够敏感才能在事业上有一番成就。然而幸福家庭出来的宝宝总是有些钝感的，他们不会从你随便的一句话中解读出千百种深意，他们始终相信这个世界的善意。

什么样的孩子才是真正的勇敢坚强？那些被爱围绕的孩子。如果一个人没有被迫害的经历，又怎会有"总有刁民想害朕"的心态？

爱不等于骄纵，不等于无条件的物欲满足，也不等于拒绝让孩子面对失败，而是面对失败，给他们多一些爱心，鼓励和陪伴他们站起来，别让他们终生只看到一个冷冰冰的背影，孤独地面对这个世界。

反而是那些在冷漠或严苛中长大的孩子，他们常常草木皆兵，终生都活在别人的期待里，寻求爱与认可。翻看那些自杀的少年案例，没有一个不是活在高压、严酷的成长环境下。他们是没有成功的董卿，不优秀，承载不了父母的期待，最后就走上了极端。

5. 孩子，我只要你一生幸福

我常常想回到童年，抱抱那个没人拥抱的自己。

我为毕习习的故事惋惜，可至少，她还能为我们敲响一记警钟。更让我难过的，是今时今日的大众传媒还在热衷于宣传董卿、郎朗们的成功之路，向那些年轻的爸爸妈妈输送着残酷的成功学。

缺爱不一定都导致悲剧，出了那么多看似皆大欢喜的"喜剧"才是最可怕的。

一个人的文学素养不一定要在棍棒底下才能练成，一家人茶余饭后吟吟诗对对赋，其乐融融，才能真正体会到文学之美。如果只有残酷的教育才能培养出成功的孩子，那么我真的很想很想自私地说一句：

孩子，改变世界就让别人去吧，我只要你一生幸福。

从"拼不过的小学生文案"
看输不起的中国父母

　　2017 年末，朋友圈被一篇《对不起，你的文案已经拼不过小学生了》狂刷屏，作者都是小孩子，最小的只有四五岁。大人们纷纷自惭形秽，感慨现在的小孩子真是厉害。

　　我最怕的还不是这些家长自愧不如，而是替他们的孩子捏一把汗——新一批"别人家的小孩"又要诞生了：你看人家孩子，五岁就能把诗写得这么好了，你就知道傻玩！

　　有些诗确实很灵动，比如这首《回到地面》，写诗的孩子据说只有五岁：

　　要是笑过了头，

　　你就会飞到天上去。

　　要想回到地面，

你就必须做一件伤心事。

果麦甚至专门给这些孩子出了一本诗集，据预测至少能卖百万册。可是这些诗，仔细咂摸几遍，就觉得不是那么回事儿了。这些文字表面幼稚，情绪却是成熟含蓄的，并不像出自孩子们之手，倒像经过了大人们修饰或直接捉刀的结果。

根据皮亚杰的认知发展阶段理论，两至七岁的孩子还处在前运算阶段，这个阶段的集中特点就是具体形象思维，不具备抽象的逻辑思维能力，即便八岁的孩子，概括能力也不会太强。

有人说，你不知道有的小孩子天赋异禀，文学素养好。那我就举个真正天赋异禀，文学素养举世无双的例子吧——骆宾王，把这个名字抬出来没人反对吧？唐朝有名的天才、神童，初唐四杰之一，七岁随随便便写首《咏鹅》就成为传世经典。

这首诗动静相生，又富有童趣，可是你仔细读读这几句：

鹅，鹅，鹅，

曲项向天歌。

白毛浮绿水，

红掌拨清波。

发现问题没？这首诗传神是传神，但是仍然停留在一个孩子对鹅本身细致入微的观察上，所有的文字都是表象的，没有情感上的提炼。这是儿童发展的必经阶段，和天赋高低完全无关。

你再看五十二岁，身陷囹圄的骆宾王是怎么咏物的：

西陆蝉声唱，

南冠客思深。

不堪玄鬓影，

来对白头吟。

成年人写作的最大特点就在于一旦他们拥有了抽象思维的能力，就情不自禁地开始夹带私货了。再回头看这组小学生文案，最大的特点就是夹带了太多私货，然后把它们转化成看起来幼稚的儿童语言。文笔是稚嫩的，可是思想一点也不稚嫩。好像一个人花了两小时化妆，以达到素颜的效果。真正对这些诗有共鸣的也不是孩子，而是大人。

前凤凰网主笔王路也分析了小学生文案里的几首诗，其中就有这首《回到地面》：

要是笑过了头，

你就会飞到天上去。

要想回到地面，

你就必须做一件伤心事。

"伤心"这个词，五岁的孩子当然会用。

但"伤心事"，就很不同了。

我们平常讲话，一年会说几次"伤心事"？

"伤心事"是书面语，在很多人的口语里，十年都不会出现一次。

五岁的孩子也看书，但在五岁孩子的阅读范围里，"伤心事"出现的概率也很小。

我们的输出都是以输入为基础的，在输入的基础上，再去创造。

如果一个五岁小孩能自发地把"伤心"和"事"连在一起，就相当于你没有读过《静夜思》，却恰好写出了"床前明月光"。

这些感动你的儿童诗，不过是大人们的一层画皮。他们打着孩子的名义出诗集，再让一群大人陷入集体自嗨模式，这是当下急功近利的教育怪相的一个缩影。

我身边已经做了父母的朋友们经常凑在一起感叹，现在上学哪里是考孩子，分明是考大人。

幼儿园、小学低年级老师布置的手工课，就难度而言，经常根本不是孩子们可以理解并完成的。反正我围观了几次朋友们的家长群，可以说是叹为观止的。说是亲子作业，最后往往本末倒置，变成了家长做，孩子在一边看，最多在旁边递个剪刀、胶水当参与。有些父母本身就是设计美术出身，拿出做毕设的劲儿给孩子挣面子，作品之精美，说实话我觉得可以直接拿到淘宝网上卖了。

学校里评奖，一等奖、放在展台最显眼位置的当然是这些作品。而那些真正百分百由孩子自己动手完成的，大部分都是"车祸"现场，靠边站。

可是这些虚假的荣誉对于孩子而言，除了助长他们的虚荣心与不劳而获的心理，从小就认识到这个世界的不公平外，还有什么意义？追求优秀是人的天性，但是太多的中国父母被优秀"绑架"了，最后就培养出了一群输不起的孩子。

为什么中国学生作弊率格外高，因为他们从小接受的思想就是只许成功，不许失败，只能做人上人，否则就被淘汰。我在楼下带孩子，很多才两三岁的孩子，就要被大人劈头盖脸训斥：他抢你的玩具你不会抢回来吗？怎么这么没用？等到孩子上了学，他接受的教育一定是：你怎么这么没用，才考了99分？

对结果的过分强调让这些孩子不愿意享受过程，他们太急于用成绩证明自己。每一个胜负心重的孩子背后都一定有一个胜负心更重的家长。孩子们就两个选择：

1. 去作弊。

2. 不断给自己压力，最后就越来越输不起。

后者有时候比前者还可怕，作弊虽然绝不值得提倡，但孩子悄悄把压力转移出去了。后者家长不以为意，甚至扬扬自喜，你看我的孩子自尊心多强，多上进。他们不去关心孩子的内心世界，这些压力就像气球，越吹越大，最后的结果就是爆掉。爆的方式有很多种，极端的如自杀，普通的如早恋、自虐、逃学、沉迷网络，还有些孩子看上去平平静静甚至乐观向上，但是他们一点也不开心。

没有一个国家比中国更推崇达尔文主义了，这其中有深刻的历史背景，我们穷怕了、饿怕了、被打怕了，所以我们几乎是世界上危机感最强的民族，非常喜欢强调优胜劣汰。但是同时，我们又非常急躁，没有耐心，我们做什么都要拼抢速度、强调效率。

　　这样的急躁，集中体现在了我们的教育上，每朵花都有自己开放的时间，可是很多父母、老师不愿给孩子这个时间，他们急着去把孩子催熟。我有一次去一个朋友家做客，看她辅导小学四年级的孩子写作文，她不去启发孩子思考，而是三下五除二地动手给孩子改句子：你这样写才能加分，那样用词才更高级……

　　那本小学生文案，大概也是在这样的背景下诞生的吧。

　　我想起我初中写过的一篇考试作文题。题目引用了一个故事，叫《手捧空花盆的孩子》，老国王想挑一个孩子做自己的候选人，他给全国的孩子们每人发了一粒种子并宣布谁的花最美，谁就是未来的国王。

　　约定的日子到了，孩子们捧着盛开的鲜花涌上街头，只有一个孩子失落地端着空花盆，国王兴奋地把他选为了候选人，因为那些种子都是煮熟的，根本开不出花。

　　我知道出这样的题目一定是引导大家谈诚实，但是我偏偏不。我特别清楚地记得，我当时的题目叫《别去教孩子把种子换掉》。因为我替那些被批判"不诚实"的孩子觉得委屈，我不相信他们能想出把种子换掉的主意，就像我也不相信他们能写出"伤心事"这样的文字。

　　我也不觉得那个手捧空花盆的孩子有多么了不起，他只是很幸运，有一对诚实的父母，他们没有像别的家长一样告诉自己的孩子：你想当国王吗？把种子换掉！

在我看来，谈做人就太浅了，这明明是一篇关于家庭教育的绝佳教材。这么多年后，我依然这么看。

比教孩子做人更重要的，是自己先学会做人，你就是孩子的一面镜子。偏偏这个社会，有太多怂恿孩子换掉种子的父母。

当他拿着考砸的试卷回家，你不问原因劈头盖脸地一顿打骂时，你在暗示他换掉种子；当他做了一件好事回到家和你分享，你却说他为什么这么傻让自己吃亏时，你在暗示他换掉种子；当你违反规则并因此而尝到种种甜头时，你在手把手示范给他怎么换掉种子。

我知道这个社会竞争有多么激烈，可是成长远远比成功更重要。

别走那么快，等一等你的孩子吧。

从五岁"复二代"简历吊打成人，
看全民教育焦虑

2018 年 11 月的一天，一个朋友突然扔给我一个"复二代"五岁牛娃的简历，半开玩笑地问我：就问你惊不惊？怕不怕？

我赶紧附和说，怕、怕死了。

其实我心里想的是，自（媒体）二代宝宝就没怕过谁好吗？

不信你看，哪个母婴号不把自己娃打造成个琴棋书画样样通，天上有、地上无的小天使！论包装（吹牛），我还没看见谁胜过自媒体人呢！

况且这份简历的形式远大于内容，或者说，基本就没啥内容。

其实挺能理解的，毕竟都是过来人。我想起大学毕业投简历找工作那会儿，大家基本都没有什么工作经验，所以哪怕三四天的卖场促销都要往上写，随便当过什么学生会小干部也要填上去，GPA（美国大学评定学生成绩采用的平均成绩点数）3.6 就敢说自己将近 4，没办法，凑数呗。

但是看着现在的父母们把这一套自己玩剩下的虚头巴脑地都用在五岁的孩子身上了，我还是小震惊了一下，这是被当下的升学压力逼成啥样了啊？

先看自我介绍这部分吧，"我五岁了……虽然年龄小，但爸爸说，人生是长跑，不要太在乎起点上的细微差距""作为一个典型的复（且）二代，我要青出于蓝而胜于蓝""我英文名叫 XXX，就是拼音……我觉得用中文拼音比另起一个英文名更酷"。

这显然是父母捉刀，不可能是一个小孩真正的口吻，所以我也不知道写这些的意义何在，是为了让大家认可你还是你儿子？

再看里面的具体成绩，洋洋洒洒一大堆。但是我告诉你一个规律你记住没错，重要的简历不长，太长的简历不重要，越牛的成绩越可以用一句话概括，而最牛的人根本不需要简历，因为别人早背熟他那些光辉史了。

我仔细翻了翻这个孩子的简历，拿认字看书这件事来说吧，我儿子一岁半的时候认字量是他三岁的十倍，现在简单的绘本自己基本能照着读了，所以你说这有啥可拿出来说的？

至于后边的两岁开始学涂鸦，至今两百多幅作品……看到这里我就笑了，两岁孩子肌肉控制力还没达到，连个蛋都画不出来呢，"学画画"能学啥？涂鸦倒是常有的，一支笔自己拿着随便画，一天就能画一百来幅。

据说，这份简历是孩子妈让下属加班做出来的。真为难这个下属了，绞尽脑汁包装美化孩子的日常，编出那么一个好几页的PPT，比年终总结难多了。

单以这份简历来说，这个孩子肯定不是什么智商逆天的天才神童。天才五岁已经可以露出端倪了，而这个孩子还是芸芸众生普通孩子这一类里。但是天才也不一定就是好，高开低走的有得是。

不是天才不代表不优秀，天才毕竟就那么几个。五岁断定一个孩子的能力和未来还太早太早了，过分神化或者冷嘲热讽都对这个孩子不公平。

但是能看出来的是，这对父母对教育真的很上心。但凡能学的基本都让孩子学了一个遍，英语、画画、钢琴、街舞、记忆力……生恐孩子被时代落下。

可以说，这是非常典型的中产阶级育儿理念了，一定要给孩子最精英的教育，上最好的私立学校，时刻为阶级跨越再上一个新台阶而奋斗。

英语一定要浸入式的环境，琴棋书画都要学一遍，全世界领着转，还有的为了让孩子学骑马真的去买一匹马。

有个朋友前两天跟我说，曾经在博物馆门口看一个家长带着三岁的孩子排了整整仨小时的队，就为了看某个稀缺热门的展览，孩子饿得又哭又叫。

"你说这图啥？三岁小孩能看懂啥？"

图的大概就是让孩子接受历史文化的熏陶吧，但是对于一个根本不知道文化为何物的三岁孩子来说，排三个小时队显然已经剥夺了他原有的正常生活。

中产阶级都在朝着一个模板和套路打造自己的孩子：说一口流利的英语，穿梭各种 NGO（非政府组织），拿海外名校学位，穿合体的名牌，学识渊博，成为经天纬地之才。

其实直觉告诉我这个"复二代"未来肯定不会差到哪里去，父母皆复旦决定了孩子即使不是天才，基因也还不错，再加上有一个良好的家庭教育环境，基本还未出生人生路就望见了一半。

他的起点，已经是很多农村孩子拼命也达不到的极限。

大部分这样中产家庭出来的孩子都差不到哪里去，但是毁就毁在很多父母不满足于此，他们想要的是天才。

我当年是从某高考大省的千军万马里杀到北京的，但是我打赌，立此为证，二十年后北京高考分数一定比我的家乡高，试题比我的家乡难，大多数"985 二代"可能都考不回他们父母的学校，当然，还有一部分会直接选择出国了。

因为竞争压力太大了。当年那一批考到"985"的精英，大多都留在了一线城市，然后拼了命给孩子加压，希望青出于蓝。

80 后、90 后普遍觉得自己有个悲惨童年，但是我觉得 00 后、10 后的童年也好不到哪里去，甚至更艰难。

　　以前我们父母的教育方式普遍是比较粗暴的，他们的鞭策顶多停留在"你要努力考清华北大"这样喊口号的阶段，具体怎么考，他们自己也没数，孩子成绩好不好大多看自己造化，辅导孩子功课最多也就止步于小学阶段。

　　对于那一代父母来说，孩子成绩好更多的还只是一件让自己"有面子"的事，这也是比较好"糊弄"的一代父母。

　　但是这一届中产阶层的父母不一样，他们有学历，肯给孩子投钱，还愿在孩子身上花时间，不惜一切代价参照王室标准培养自己的孩子，生恐自己的孩子落人一步。

　　他们的孩子身上背负的，是改变家族命运的使命。不是说实现阶层跨越至少需要三代人的努力吗？现在就到了最关键的第三代。

　　他们的自尊和骄傲容不得自己的孩子平庸，也容不得他们的成长有半点差错。

　　这才是那份五岁牛娃简历背后最让人不安的地方，父母费尽心思去包装自己才五岁的孩子，然后全社会推波助澜，把这个普普通通的孩子捧成天才，自上而下，人为地去制造和传播这种教育焦虑。

　　我看现在有些四五岁孩子的日程表，真是要吓死，密密麻麻从早排到晚，德、智、体、美、劳全面发展，连未来领导力也要学。

　　别说四五岁孩子的注意力其实是很弱的，就连我一个三十岁的成人，你让我连上这么一天课下来也是要疯掉的。

　　很多父母的思路是，我小时候没学过这些都有今天，我的孩子遗传了我的智商，再学了这些还不厉害死了，他怎么也不能比自己的爸妈还差吧？

但现实其实是很冰冷的，你的孩子可能真就还不如你。没办法，这一届的分母水准普遍高了。

都不读书的年代，你读完一套《莎士比亚全集》就足以傲视群雄。可是现在莎士比亚远远不够了，十岁的孩子恨不能都跟你大谈特谈赫尔曼的《白鲸》。

十岁真的能读懂吗？未必，很大程度来自父母的强行输入。

他们现在必须要非常非常努力，才能走到金字塔的顶层。努力背后，是常人根本无法承载的压力。

那么问题来了：为什么孩子一定要走到这个顶层？而且真的按照这套流水线走一遍，孩子也未必能走到顶层。

每次有人问我对孩子有什么期待时，我都会说，按他想要的方式生活，追逐他心中的光。每次我都会听到不信的声音：等他再大几岁你就不会这么觉得了。

不，他在成长的过程中我也在成长，越成长，我越觉得按自己想要的方式去生活有多么难得。

分子可遇不可求，分母才是人生的常态。我们都没在顶层，我们都是在路边鼓掌的那群人，为什么不能接受孩子也是芸芸众生中的一员呢？

平凡不等于没价值。接受孩子的平凡也不等于放任、散养，而是让孩子的成长回归应有的步调，不再做肯德基养鸡场里千篇一律喂养出来的、42天就能出栏的那只早熟鸡，试着去发现他真正的光芒所在，帮他成为他自己。

是时候打破牛娃神话，给中产阶级的教育狂热降降温了。

靠玩易拉罐也能圈粉百万？
有趣的灵魂多难得

　　直播平台快手的风评向来不太好，总是打色情擦边球，还有些乡村非主流。但是最近，斑马却被快手上迅速蹿红的易拉罐哥长运深深圈粉了。

　　这个易拉罐，是我们小时候常喝的旺旺牛奶。小时候看电视广告，被洗脑洗得最彻底的就是旺旺，各种不忍直视的画风无缝对接，却又让那时的孩子们对这个有几分呆萌又有点坏坏的大眼小人毫无抵抗力。

　　说起旺旺的广告语，也是一个时代特色，各种重复、高亢的口号不绝于耳。据说旺旺公司没有广告部，也不用 4A 广告公司的创意，所有的广告都由董事长一手构思。

　　扯远了，本文的重点，并不是旺旺，而是易拉罐机器人。

有兴趣的人可以自己去网上找找视频或动图看看。

简单的道具，巧妙的设计，脑洞大开的剧情，再配上那张魔性十足的笑脸，莫名就戳中了网友的笑点。平时扔到垃圾桶也不会有人问津的易拉罐，竟然变成了一件件趣味横生的手工品。

这些作品都来自快手平台，其中最有名的当数长运，他制作的旺仔易拉罐系列作品粉丝已经突破百万。

靠旺仔易拉罐玩儿成了名副其实的网红，靠直播月入百万＋，可谓是移动互联网下的当代励志典范。更神奇的是，长运到底是谁，至今仍是一个谜，他没有露过面，也没有接受过任何采访。江湖只有他的易拉罐作品，和他的无数模仿者。

在国外，像长运这样的人有个称呼，叫"装置艺术家"。斑马还曾为大家推荐过同是手工达人的尼尔叔叔，他曾经承包了我们很多人的童年，并且教会我们不必追求完美。

但是在许多中国父母眼里，只有好好上学的别人家孩子才是好孩子，而像长运这样的年轻人是不务正业的，是注定被当成反面案例来教育孩子的。

如果他们看到这些，肯定会说：这有什么用，不干正经事，做的东西虽然好玩，但是也就图个乐子，奇技淫巧而已。如果把这心思用在学习上，那将来一定会有大出息……

于是，越来越多的孩子在父母的管教中放下了手中的玩具，收起了脑洞大开的创意，和儿时乐趣一同关起来的，还有对整个世界的想象力。

中国的孩子从来都不缺想法，缺的是能让想法自由生长的土壤。

对于父母来说，不去压抑孩子的天性，主动培养他们的动手意识，鼓励他们去探索未知、去追寻乐趣，并从中得到快乐，远比教他们死读书更有意义。

鼓励孩子做手工有哪些重要意义？

1. 手工能锻炼孩子特别是低龄宝宝精细动作的能力和身体的协调性，开发他们的右脑。

2. 多做手工能够激发孩子的创造力、想象力、观察力和学习能力，鼓励孩子"开脑洞"，探索未知世界。

3. 父母陪孩子一起做手工，是非常好的亲子活动，在这个过程中，帮助孩子排遣不良情绪，增强亲密度，培养孩子对自己的信任，激发他们的自信心，提高他们的沟通交流能力，丰富他们的情感体验。

4. 通过对废弃材料的二次利用，从小培养孩子的环保意识。

当然，鼓励孩子做手工的过程中，一定要注意以快乐为主，鼓励他们按照自己的创意来，不要照本宣科。

有些中国的家长喜欢唯成绩论，即便是玩，也要让孩子玩出"成绩"，逼孩子做到完美，动辄批评孩子"你看你画得一点都不像""按照手册做，你看你又浪费了材料"。最后孩子往往败兴而归，对手工再也提不起兴趣。这样就本末倒置了，忽视了手工最初的意义。

记住尼尔叔叔曾经说过的那句话："不用非常完美"。

随心所欲地按照自己的想法做出那么有趣够酷的东西，满足自己的爱好的同时，还能给别人带来快乐，这还不够有意义吗?

试着鼓励孩子一起做起来吧!

有趣的灵魂难得，别让孩子轻易失去。